본질의 발견

본질의 발견

업의 본질로 정의하는 인문학적 컨셉 발견 공식

초판 1쇄 발행 2017년 1월 2일
2판 6쇄 발행 2022년 10월 1일

지은이 최장순
펴낸이 이민선
책임편집 홍성광
디자인 박은정
독자모니터링 이해진
인쇄 신성토탈시스템

펴낸곳 틈새책방
등록 2016년 9월 29일 (제25100-2016-000085)
주소 08355 서울특별시 구로구 개봉로1길 170, 101-1305
전화 02-6397-9452
팩스 02-6000-9452
홈페이지 www.teumsaebooks.com
페이스북 www.facebook.com/teumsaebook
전자우편 teumsaebooks@gmail.com

ISBN 979-11-959760-0-3 13320

최장순 지음

본질의 발견

업의 본질로 정의하는 인문학적 컨셉 발견 공식

틈새책방

차
례

1

먼저, 정서법. 우리나라 외래어 표기법은 종종 부자연스럽다. 외래어 표기로는 '콘셉트'가 맞지만, 실제 언어 습관은 '컨셉' 이 맞다. 관습과 말맛을 고려할 때 '컨셉'이라 표기하는 것이 더 낫다고 판단했다. '컨텐츠'도 마찬가지. 이 책에 나오는 표현 중 혹 정서법에 맞지 않는 것이 나온다면 의도적으로 말맛을 살리 려는 저자 때문이지, 출판사가 교정을 게을리했기 때문이 아님 을 미리 일러둔다.

2

이 책에 소개되는 인천국제공항공사, 삼성생명, 골프존, 기아자 동차 프로젝트는 '브랜드앤컴퍼니' 재직 시절에 맡았던 것들이 다. 소개되는 대부분의 내용은 공기업이거나 대기업의 사례다. 개인 사업자, 소상공인, 중소기업 등의 사례를 소개하고 싶은 마음도 있으나, 거액을 집행하여 컨설팅을 받을 수 있는 곳들은 대부분 대기업이나 공사들이기 때문에 애석하게도 더 작은 규모에서 진행했던 컨셉 개발 프로젝트가 많지 않았다. 큰 조직 위주의 컨설팅 프로젝트 사례를 대하는 개인 사업자나 강소기업, 소상공인들의 경우, 이 책의 인사이트에 대한 체감 온도가 다를 수도 있을 거란 생각이 들었다. 그래서 개인적으로 창업했던 리싸이클링 샵 '오브젝트'나 공익 브랜딩 네트워크 '매아리' 등 기타 사례로 부족한 부분을 메우고자 한다.

3

컨설팅 프로젝트를 하게 되면 '비밀 보장' 계약을 한다. 비밀 보장에 대한 조항은 고객사에서 취득한 정보를 프로젝트 용역 외 다른 목적으로 누설할 수 없다는 것이다. 그래서 이 책에는 고객사에서 취득한 영업 비밀이나 기타 제공 자료에 대한 언급이 일체 없다. 기술되는 내용은 나와 내 동료들이 직접 획득한 정보들과 논의한 내용들, 그리고 이미 고객사에서 대외적으로 공개한 내용들로 구성돼 있다.

4

컨셉에는 여러 종류가 있다. 비즈니스 컨셉, 브랜드 컨셉, 서비스 컨셉, 제품 컨셉…. 그것들이 어느 영역에 적용되든 기본적인 접근은 동일하다. 이 책에서 말하는 실전 컨셉 도출 공식, 'BEAT'의 최종 단계에 이를 때 각 영역에 맞는 부분들로 컨셉을 조정해 볼 수 있다.

5

책에 소개되는 프로젝트들은 광범위하게 진행됐으나, 그중 컨셉션의 영역만 간략히 요약하면 다음과 같다.

- 인천국제공항공사: 서비스 브랜드 컨셉 개발

- 삼성생명: '사람, 사랑' 브랜드 컨셉철학 정교화

- 골프존: 골프존 기업 브랜드 컨셉철학=브랜드 에센스 개발

- 기아자동차 : 멤버십 브랜드 컨셉철학 개발

- 오브젝트 : 공동 창업. 비즈니스 브랜드 컨셉 개발

- 매아리 : 설립. 비즈니스 브랜드 컨셉 개발

6

이후 구성되는 내용은 구태여 순서대로 읽을 필요가 없다. 관심이 가는 부분부터 읽어도 내용 이해에 지장이 없으니 책을 편리하게 활용하길 바란다. 그리고 문체는 상황에 따라 구어체와 문어체를 적절히 섞어 기술했다. 표준어 정서법을 따라 논문처럼 엄격하게 읽지 않았으면 한다.

Liking isn't helping 좋아하는 것만으로는 도움이 되지 않는다.

Liking isn't helping.

Be a volunteer. Change a life.
crisisrelief.org

기독교 재난 구조 단체인 '크라이시스 릴리프 싱가포르Crisis Relief Singapore'라는 NGO는 2013년 칸 국제 광고제에 사진 광고를 출품했다.

골드 라이온을 수상한 이 작품의 메시지는 'Liking isn't helping. Be a volunteer'좋아요'는 도움이 되지 않습니다. 자원봉사자가 되어주세요'다. 페이스북 등의 소셜 네트워크 서비스SNS, 즉 가상 세계에서는 수십억 개의 '좋아요Like'가 눌려진다 해도 실제 재난을 겪고 있는 사람들에게 큰 도움이 되지 않는다는 현실을 고발한 것이다. 이러한 맥락에서 크라이시스 릴리프 싱가포르는 봉사 현장이라는 실제 세계로 들어와 자원봉사에 참여할 것을 독려하고 있다. 말로만 공감하지 말고 움직이자는 것이 핵심인데, 이 광고는 자원봉사라는 맥락 외에도 브랜딩과 마케팅 담론에도 깊은 통찰을 전한다.

습관처럼 누르는 '좋아요Like'는 특정 대상에 대한 인지도를 창출시킬 수는 있겠지만, 실질적으로 세상을 바꾸는 활동을 일으키기엔 미미하다는 것. 기업의 입장에서 해석해보면, 많은 비용을 투자하는 SNS 인지도 창출 마케팅이 매출을 올리는 데 크게 도움이 되지 않을 수도 있다는 불편한 진실까지도 유추할 수 있다.

　이 광고 이미지는 인지도 창출 위주의 마케팅, 브랜딩, 디자인 프로그램이 전제하고 있는 특정 신념 체계를 전면적으로 비판하는 듯 읽혀진다. 뒤에서 다루겠지만, 그 신념 체계를 우리는 '구매 깔때기Purchase Funnel'라고 부른다.

구매 깔때기

이 책의 제목은 《본질의 발견》이다. 이 오만한 제목의 기저에 깔려 있는 나의 주 관심사는 브랜드와 마케팅이라는 세계에서 경쟁자 대비 '나음'이라든가 '다름'에 있지 않다.

지금까지 우리는 남과 달라야 한다는 지나친 강박을 벗어나지 못한 채 불필요한 마케팅 수사修辭를 늘려왔다. 남과 달라야 한다는 강박을 그럴싸하게 선언한 것이 '넘버원No.1이 아니라 온리 원Only 1'이라는 명제다. 국내 한 대기업이 '온리 원'을 기업의 정신으로까지 설정한 것을 보면, 이 말이 대세는 대세인 듯싶다. 물론 이 말은 브랜딩이나 마케팅, 디자인의 차원으로 보면 결코 틀린 말도 아니고, 잘못된 것도 아니다. 다만 내가 지금 기업이나 브랜드들이 추구하는 '다름'에 대해 쭈뼛거리는 이유는 그들이 말로는 '다름'과 '온리 원'을 외치지만, 실상 경쟁자와 본질적으로 차별화된 상품이나 서비스를 제공하지 않기 때문이다. 더욱 근본적으로 보자면, 그들이 말하는 그 '차별화'라는 것의 목적과 방향이 잘못 설정돼 있다는 인상을 지울 수 없다.

생각해 보자. 그들은 왜 남들과 달라 보이려고 하는가? 주목

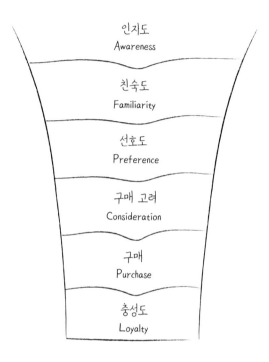

구매 깔때기의 한 예. 미국의 광고와 세일즈의 선구자격인 엘모 루이스Elmo Lewis가 고안한 'AIDAAttention-Interest-Desire-Action'라는 공식은 1960년 초반 '깔때기' 형태로 그려지면서 '구매 깔때기Purchase Funnel', '고객 깔때기Customer Funnel', '세일즈 깔때기Sales Funnel' 등으로 불려왔다. 이후 이 모델은 AIDMAAttention-Interest-Desire-Memory-Action, AISASAttention-Interest-Search-Action-Share, CAACognition-Affect-Action, REANReach-Engage-Activate-Nurture 등의 모델로 변형, 발전돼 왔다. 다양한 모델로 변형되어 활용되었으나 깔때기 주입구를 이루는 '주목', '도달' 등 인지의 영역은 대다수가 전제하고 있는 항목이다.

받기 위해서다. 왜 주목을 받아야 할까? 주목을 받아야 더 많이 팔릴 수 있다고 믿기 때문이다. 그렇다면 우린 주목도와 판매율 사이의 상관관계를 면밀히 탐구해 볼 필요가 있지 않을까?

크고 작은 기업 현장을 관찰하다 보면, 넓게 흩어져 있으면서도 조금씩 다른 형태로 변이된 '구매 깔때기'를 확인할 수 있다. 이 모델은 지속적으로 그 한계가 지적돼 왔으나 여전히 많은 기업에서 변형된 형태로 유효하게 활용하고 있다.

이 믿음에 따르면, 높은 인지도를 가진 브랜드일수록 상대적으로 친밀도가 높아진다. 보다 친밀한 브랜드일수록 사람들이 더욱 선호할 것이고, 그런 브랜드들은 구매 고려군Consideration Set에 들어갈 확률이 높다. 점점 좁아지는 모습을 띤 깔때기는, 자신을 통과하는 물체를 한곳에 모은다. 마찬가지로 '구매 깔때기'는 넓고 막연한 '인지' 단계에서 '구매'라는 좁고 구체화된 행위로 이어지는 행동 시퀀스를 전제하고 있다.

'구매 깔때기'는 인지에서 구매로 이어지는 소비자 구매 프로세스의 표준을 보여주며 수십 년간 사용, 변형되고, 비판을 받아 왔다. 이 모델에 따르면, 깔때기를 통해 한곳에 물이 많이 모이게 하려면, 깔때기의 입구에 많은 물을 들이부어야 한다. 즉 구매를 증대시키기 위해서는 더욱더 높은 브랜드 인지도가 필요하게 된다. 그래서 광고, 마케팅, 브랜딩의 주요한 출발점이 대개 높은 인지도 창출로 손꼽혀 왔던 것이다. 그런데 무수히 많은 브랜드가 존재하고 있는 현 상품 및 서비스 시장을 놓고 보면, 인지도 창출이 여간 어려운 게 아니다. 그래서 많은 이들이 '튀어라, 달라야 한다, 차별화해야 한다'고 외치고 있는 상황이다. 그래야 더욱 주목을 받을 테니까. 그래야 브랜드를 좀더 기억시키고 인지도를 효과적으로 증대시킬 테니까. 그래야 구매 깔때기를 따라 판매량이 증대될 것이니까.

차별화라는 말에 대해서

공무원뿐 아니라, 대기업, 중견기업, 강소기업, 사회적 기업, 개인 사업자 등 조직의 형식이 어떻든 간에 브랜드 및 마케팅 프로젝트를 함께하다 보면 종종 공통적으로 겪게 되는 상황이 있다.

"브랜드 네임과 디자인을 톡톡 튀게 만들어주세요."

"차별적인 마케팅 프로그램을 만들어주세요."

"차별적인 커뮤니케이션 전략을 수립해주세요."

경쟁사와 비교했을 때 명확한 제품 및 서비스의 혁신이나 본질적인 차별화가 없는데, 그저 '다른 것으로 보이게 해달라'는 요청들이 적지 않다. 조금이라도 차별화할 수 있는 요소가 없을 때에는 프로젝트 진행이 쉽지 않다. 그런 프로젝트들은 대부분 실패하고 만다. 실질적으로 탁월하게 다른 것이 없는 상태에서 경쟁 제품과 거의 유사한 것을 다른 것으로 둔갑시켜야하기 때문이다. 거의 마법에 가까운 일이다.

본원적 실체에 대한 비즈니스 혁신이 없는 상태에서 차별화된 인식을 만들어야 하는 작업은, 심할 경우에 지나친 포장주의에 빠지게 될 가능성이 많다. 비즈니스 자체에 대한 실질적인 차별화를 꾀하지 않은 채 포장의 차별화를 도모한 탓에, 성공을 거두지 못할 가능성이 많다. 차별화의 함정이다. 기업과 일을 하다 보면, 제품과 서비스 경험 자체를 혁신하기보다 컨셉이나 마케팅 차원의 톡톡 튀는 표현에 집중한 논의가 많다. 실체 자체에 대한 토론보다 표현의 엣지Edge나 참신함만을 두고 논의하는 시간이 길어지는 탓에 프로젝트가 다 끝났는데도 실체 자체가 정말 무엇인지 파악이 되지 않는 프로젝트도 많다. 그들이 말하는 차별화의 영역이 매우 협소한 탓이다. '구매 깔때기'라는 믿음에 근거한 그들의 '차별화'는 '인지-차별화 함정'에 빠져 있다. 주목도를 높이기 위한 차별화. 인지도를 높이기 위한 차별화. 그러면 자연스레 인지-구매 시퀀스를 따라 구매가 늘어난다고 믿어버리는 그런 차별화. 하지만 '온리 원'을 위한 진정한 차별화는 비즈니스의 차원에서의 본질적인 혁신을 의미해야 한다.

브랜드들의 정신 없는 포장주의를 비판하면서 2000년 중반에 등장한 브랜딩의 트렌드가 'RAW Branding*'이다. 제품, 서비스 자체의 혁신만 있을 뿐, 그것을 감싸는 불필요한 모든 것을 벗어 던지겠다는 것이다. 포장을 발가벗긴 '날것'에 가까운 제품과 서비스 자체만으로 승부를 보겠다는 의미다. 일본의

———

* '날것(꾸밈없음)'의 브랜딩. 제품의 실체보다 인식 가치를 올리기 위한 표면적 브랜딩과 마케팅을 지양하고 제품 본연의 혁신과 본질적 개선을 지향하는 브랜딩 트렌드.

'무인양품無印良品, 브랜드가 없는 좋은 제품'이 그런 트렌드의 선두에 서 있었다.

하지만 브랜드를 포기하겠다는 '무인無印 선언'이 무색할 정도로 '무인양품'이라는 말 자체가 '브랜드'가 돼 버렸다. 그리고 이런 현상을 무비판적으로 모방하는 브랜드들도 많아졌다. 마케팅의 수사는 덜 화려하게, 본질로 승부를 보는 듯한 느낌의 담백한 문장들이 유행으로 자리 잡았다.

그러나 실체 혁신이 없는 상태에서 그러한 '비포장의 포장'은 여전히 포장일 뿐이다. '비포장의 포장'은 '날것의 브랜딩'이 담고 있는 정신을 읽지 못하고 표면만 담아내는 모습이다. 아직 우리 시장은 차별화의 함정을 벗어나지 못한 듯하다. 본질의 혁신을 찾아보기 힘들기 때문이다.

기업에서 일하는 브랜더, 마케터, 디자이너들의 심정은 충분히 이해할 수 있다. 그들의 역할이 비즈니스를 기획하고 혁신하는 것이 아니기 때문이다. 그리고 자기 자신들의 KPI Key Performance Index*를 올리기 위한 활동에 모든 생각과 행동을 집중해야 한다. 그렇지 않고는 진급을 하거나 연봉을 올리기 어렵기 때문이다. 구매 깔때기와 같은 이론들이 아직도 대다수 기업에 변형된 형태로 통용되고 있는 탓에, KPI 항목에서 브랜드 인지도에 해당하는 평가 기준들이 여전히 존재한다. 얼마나 많이 이번 브랜드를 알리고 전파했는지에 따라 칭찬을 받기도, 질책을 받기도 하는 것이다.

인지도 창출을 부정하거나 중요하지 않다고 말하는게 아니다. 인지도는 사실 가장 기본이 되는 브랜드 자산 요소다. 단지

———————

* 조직이 잘 정비된 대다수 기업에서는 포지션마다 정해진 주요 평가 항목에 따라 업무 실적을 평가받는다. 때문에 KPI 항목이 무엇으로 설정되느냐에 따라 직원들의 능력 평가가 달라지기도 한다. 직원들은 비즈니스의 진정한 변화보다도 KPI 달성을 본인의 최우선 과제로 상정하는 것이 당연하게 돼 버렸다.

인지도만을 올리기 위해 노력하는 태도, 지나친 표면적 차별주의에 경도된 태도, 이로 인해 실질적 구매 증대를 꾀하기 위해 노력해야 할 본질적 차별화의 부재가 아쉽다는 말이다.

인지도는 브랜드 파워가 아니다.

인지도가 높은 상표라고 해서 브랜드가 되는 건 아니라는 말이다. 그리고 페이스북에서 눌려진 '좋아요'가 매출에 근본적인 도움이 되는 경우는 많지 않다.

의사 결정권자들, 혹은 그들을 돕는 마케터, 브랜더, 디자이너 들의 지나친 '차별화 강박증'은 단지 인지나 식별 차원에서 튀기 위한 것들이 대부분이었다. 때로는, 아니 아마도 많은 경우에, 쉽게 각인되는 톡톡 튀는 표현이나 스토리, 디자인이 중요하지 않을 수도 있다. 본질을 정확히 전달하는 단순함이 더욱 필요할지도 모른다. 그리고 고객이 원치 않는 것이라면, 자기 본질을 끊임없이 되묻고 재정의해야 한다. 본질을 고민하지 않은 채 튀기 위한 차별화 컨셉만을 갖고서는 더 이상 사람의 마음을 움직이기 어려울 것이다. 현상의 차별화가 아니라, 본질의 차별화가 필요하다.

우리가 중요하게 받아들여야 할 화두는 '달라야 한다'가 아니라 '왜, 누구를 위해 달라야 하는가'이다. 대답은 명확하다. 소비 시민을 위해. 그들의 보다 나은 정신적, 물질적 생활을 위해.

'소비 시민의 보다 나은 삶'이라는 뚜렷한 목표에 기반해 있을 경우에만, 차별화라는 가치를 인정할 수 있다. 업의 본질에 기반하지도 않고, 그것을 혁신하려는 노력도 보이지 않은 채, 좀 더 있어 보이는 차별적 키워드 도출만을 위해 수개월간 표면적 유행만 관찰하는 얄팍한 포장주의. 그것을 넘어 '소비 시민의 보다 나은 삶'을 위해 업의 본질을 회복하고, 혁신하려는 진정한 태도가 필요하다. 그것이 진정한 의미에서 혁신을 완성하는 길이다. 그것이 내가 추구하는 비즈니스 브랜딩이고, 이 것은 시민 경제학의 주요한 부분에 기여할 것이라 믿는다.

1

/

동굴 속에 간힌 소비자들.

동굴 밖으로 탈출하는 소비자들。

첫 번째 이야기: ○○제분 스캔들

세상을 떠들썩하게 했던 여대생 청부 살해사건.

상상할 수조차 없는 범죄인 데다, 반성을 모르는 오너 일가의 모습이 방송을 탔다. 최근 그 여대생의 어머니가 눈물로 얼룩진 생활을 하다 영양실조로 사망했다는 뉴스가 전해져 사람들의 마음을 울렸다. 수감된 전 회장 사모님은 유방암, 파킨슨병 등 갖은 질병을 이유로 감옥이 아닌 병원에서 초호화 생활을 하고 있다고 했다.

기업 오너 일가의 실체와 기업 전체를 동일시할 수는 없겠으나, 아직 우리 기업들의 문화나 경영의 양식이 오너 일가의 영향에서 독립적일 수 없는 것을 감안할 때, 이 회사의 경영 철학도 어느 정도 짐작이 간다.

그런데 이상한 일이 생겼다. 회사의 주식은 계속 오르고 있었다. 2016년 2월 24일자 〈매일경제〉 기사를 보면, 이 회사 주식은 24일 오전 9시 현재 전 거래일 대비 1.15%20원 오른 1,755 원에 거래되고 있었다. 무언가 석연치 않다.

찾아보니 2015년 3월, 이 회사는 기업 브랜드 네임을 '○탑' 으로 바꿨다. '이미지 세탁'이다. 이미지 세탁이 주가에 얼마나 영향을 미쳤는지 알 수는 없다. 하지만 기업 실체의 변화나 본질 차원에서의 반성과 혁신을 보이지 않은 채 기업명과 디자인만 바꾼 모습은 여의도 정치권에서 많이 본, 진부한 풍경이다.

포장을 바꿔 새로운 이미지를 만들면 괜찮아지는 때도 있었 다. 어떻게 보면 여전히 그런 세상이기도 하다. 하지만 사람들 은 예전보다 많은 정보를 얻고 있다. 껍데기의 변화와 차별화만 으로 브랜드 가치를 올리기는 예전보다 쉽지 않은 상황이다.

두 번째 이야기: 영화 〈매트릭스〉

화려한 영상미는 덤이었다. 내러티브 면면에 흐르는 깊이 있는 통찰과 다양하게 해석되는 무수한 모티프를 찾아보는 재미가 있었다. 워쇼스키 자매가 전 세계를 흥분으로 몰아넣었던 영화 〈매트릭스Matrix〉에 대한 이야기다. 매트릭스는 개인 주체가 성장하고 발달하는 기반이자 모체이며, '자궁'을 의미하기도 한다. 수학에서의 행렬을 의미하기도 한다. 어떤 의미로 해석하건 다양한 영화 해석이 가능한 매트릭스라는 개념은 기본적으로 개인의 인식을 조정하는 세계관의 터전이다.

낮에는 건실한 직장인으로 살아가는 '미스터 앤더슨'은 밤에는 '네오'라는 닉네임의 해커로 변신한다. 세상의 본질을 알고 싶었던 네오는 모피어스를 만나고, 모피어스는 네오에게 의미심장한 말을 남긴다.

"진실은 네가 노예라는 거야, 네오. … 너는 구속된 채 태어났어. 네가 냄새를 맡지도, 맛을 볼 수도, 만질 수도 없는 감옥에서 태어났어. 네 마음에 대한 감옥A Prison for your mind 말이야."

'A Prison for your mind'. 모피어스는 'A Prison of your mind' 라고 말하지 않았다. 투박하게 해석해 보면, 후자는 '네 마음이 소유하고 있는 감옥'일 테고, 전자는 '네 마음을 구속하는 감옥' 일 것이다. 매트릭스는 개인의 인식을 특정 방향으로만 결박하는 감옥이자 조정자의 역할을 하는 것이다.

영화 전반에 흐르는 그리스 철학적 사유를 따라 네오를 '소크라테스'에 비유할 수 있다. 소크라테스는 일평생을 '진리란 무엇인가'라는 '질문'을 던지며 살아온 사람이다. 클럽에서 처음 만난 트리니티가 네오에게 "우리를 이끄는 것은 질문이야It's the question that drives us"라고 말하는 것도 네오에게 소크라테스적 삶을 제안하는 것으로 읽힌다.

매트릭스를 두고 하고 싶은 말로 치자면 밤을 새도 부족하지만, 이 책의 성격상 매트릭스에 대해 이 정도로만 언급하고 넘어가자. 중요한 것은 죄수, 감옥의 비유, 소크라테스적 삶의 단초들이었다. 머릿속에 자연스레 떠오른 것은 플라톤이《국가 Politeia》에서 언급했던 '동굴의 비유'다.

세 번째 이야기: 플라톤의 '동굴의 비유'

대부분 사람들이 기초 교육을 통해 어렴풋이 알고 있는 '동굴의 비유'. 플라톤이 이야기하는 동굴의 모습은 이러하다. 동굴 안에는 죄수들이 벽만 바라볼 수 있게 결박돼 있다. 그 탓에 죄수들은 다른 방향으로 고개를 돌리지 못한다. 죄수들 뒤에는 간수들이 특정 사물을 들고 교대로 움직이며, 그 뒤로는 불이 타오르고 있어 사물의 그림자를 죄수가 바라보고 있는 동굴의 벽면으로 투사시킨다. 간혹 간수들이 지나가면서 소리를 낸다면, 죄수들은 그 소리가 그림자에서 나온다고 생각할 것이다. 비유를 풀어가다가 플라톤은 재미있는 가정을 한다. '만일 한 죄수의 결박을 풀어준다면?'

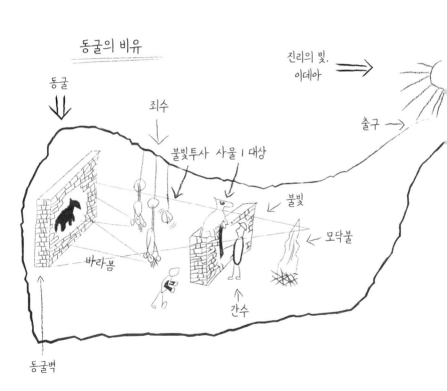

동굴의 비유

진리의 빛.
이데아

동굴

죄수

불빛투사 사물 | 대상

출구

불빛

모닥불

바라봄

간수

동굴벽

이러한 가정은 현 시대의 브랜딩과 마케팅 담론에 상당히 중요한 화두를 던지는 대목이다. 물론 플라톤은 진리에 대한 탐구를 평생 업으로 삼아온 소크라테스의 이야기를 소개할 뿐이고, 철학적으로 실재하는 진리는 동굴 밖에 있다는 것을 말하고자 했다.

그리고 동굴 밖으로 사람들을 인도하기 위해서는 결박을 풀어주는 철학적, 계몽적 행위가 필요하다고 본 것이다. 중요한 것은 동굴 벽에 그림자를 투사하는 행위보다 결박을 풀고 진실로 안내하는 실질적인 태도다. 브랜드를 만드는 입장에서 보면, '동굴의 비유'는 '진정한 브랜드의 본질을 만들고 소비 시민에게 소개하려면 어떻게 해야 하는가' 하는 질문으로 다가온다.

브랜드와 마케팅의 관점에서 동굴의 비유를 다시 해석해 보자. 소비자들은 동굴 속에서 특정한 방향만 바라보도록 구속돼 있다. 소비자들 뒤에는 브랜더, 마케터, 디자이너 들이 상품과

은폐된 진실, 왜곡된 이야기

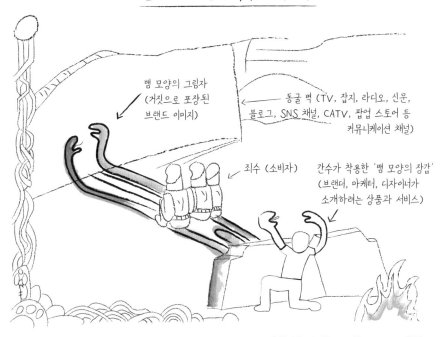

뱀 모양의 그림자
(거짓으로 포장된
브랜드 이미지)

동굴 벽 (TV, 잡지, 라디오, 신문,
블로그, SNS 채널, CATV, 팝업 스토어 등
커뮤니케이션 채널)

죄수 (소비자)

간수가 착용한 '뱀 모양의 장갑'
(브랜더, 마케터, 디자이너가
소개하려는 상품과 서비스)

서비스를 들고 지나다닌다. 그 뒤로 타오르는 불꽃이 있어, 상품과 서비스의 이미지가 동굴 벽면에 투사된다. 소비자들에게 동굴 벽은 다양한 모습으로 나타난다. TV, 잡지, 라디오, 신문, 블로그, SNS 채널, CATV, 팝업 스토어…. 일일이 열거하기엔 너무나 많은 매체 형식들이 동굴 벽을 장식한다. 새로운 매체는 이전의 매체를 진부화Obsolescence시킨다. 마치 자신은 낡은 매체보다 더 나은 정보를 전달하는 진실된 매체인 양. 하지만 그것들 역시 동굴 벽에 위치해 있다.

동굴은 일종의 시장이다. 지금 이 상황은 시장 속에서 소비자들이 상품과 서비스의 이미지를 통해 믿음을 갖는 과정을 묘사하고 있다. 그러다가 어떤 소비자의 목에 묶여 있는 봉인을 풀어주면, 그(녀)는 동굴 밖으로 탈출을 하게 되는데, 그 과정에서 자기 뒤에 브랜더, 마케터, 디자이너 들이 실제 상품과 서비스를 들고 있음을 알아차린다. 그러면 다음과 같은 상황을 목도할 것이다. 실제로는 '뱀 모양의 장갑'인데, 동굴 벽을 응시하고 있는 소비자들은 '뱀'으로 인식하는 상황. 브랜드 이미지는 브랜드의 실체를 은폐한다. 이미지는 본질에 우선하고, 심지어 없는 본질까지 창조한다. 현대의 모든 지점에서 시뮬라크르Simulacre*는 언제나 원본이나 실체보다 우위에 서 있는 듯하다. 문제는 실제 가치에서 많이 벗어난 맹목적 교환가치를 만들 때다. 그 결과, 모든 이미지는 궁극적으로 기업의 이익에만 봉사하게 된다.

소비자는 이처럼 브랜드 이미지 뒤에 놓여진 진실을 점점 더 많이 알아가고 있다. 인터넷, 스마트 폰, 애플리케이션 등 발달된 디바이스들이 동굴 벽만 바라보던 소비자들의 '결박'을 풀

───────

* 플라톤이 정의한 개념으로서, '복제의 복제물'을 의미한다. 플라톤은 이 세계가, 원형인 이데아, 복제물인 현실, 복제의 복제물인 시뮬라크르로 이뤄졌다고 설명했다.

어주고 있기 때문이다. 광고 속에서는 건강하고 행복한 브랜드 이미지를 알리던 업체가 유통 과정에서 영세 상인들에게 '갑질'을 해왔다는 진실, 깨끗한 아기 피부용 로션으로 알려졌던 브랜드에 유해 성분이 들어 있었다는 진실, 많은 사람들이 사용하고 있고 나도 사용해 본 적이 있는 해외의 유명한 치약 브랜드에 폴리에틸렌이라는 플라스틱 물질이 들어 있었다는 충격적인 사실…. 이미지의 노예로 살아온 소비자들은 이미지가 실체를 은폐하고 왜곡한 정황들을 속속 포착했다. 이미지는 실체를 배반해왔고, 브랜더, 마케터 들은 원래 그 의미와는 무관하게 '판타지 브랜딩Fantasy Branding'이라는 말로 그런 상황을 정당화해왔던 것이다.

하지만 소비자들은 '진실의 순간Moment of Truth'에 다가가고 있다. 그리고 진실된 정보에 대한 접근이 쉬워지고 있다. 소비자들의 브랜드 경험 접점이 확장되고 있는 것이다. 이를 두고 혹자는 소비자들이 똑똑해지고 있다고 말한다. 하지만 내 생각엔 소비자가 똑똑해지는 것이 아니라, 소비자에게 진실의 관점을 보여주는 디바이스들인터넷, SNS 툴, 스마트폰 애플리케이션 등이 발전되고 있을 뿐이다.

소비자들은 기본적으로 브랜드 또는 기업이 내는 목소리에 영향을 많이 받을 수밖에 없는 시장 구조에 놓여 있다. 여전히 진실에 대한 정보는 비대칭적이다. 사물의 그림자를 어떻게 연출할 것인지가 아니라, 사물 그 자체를 혁신해야 하는 이유는 바로 여기에 있다. 정보의 비대칭성 때문에 소비자들은 여전히 속기 쉽다. 그래서 소비자들을 속이지 않는 진정성이 기본으로 전제돼야, 점점 더 사슬을 끊고 탈출하는 소비자들에게 배신감을 주지 않을 것이다.

'실체'라는 본질의 회복도 중요하지만, 대부분의 소비자들이 아직 동굴 벽을 향해 묶여 있는 상황을 생각해보면, 실체를 왜곡하거나 은폐하지 않고 전달할 수 있는 그림자 투사 기법도 중요하다고 볼 수 있다. 투사의 모든 방식을 조정하는 건 바로 '컨셉Concept'이다. 컨셉은 전달되는 이미지가 실체의 본질과 깊은 연관성을 가지는 방향으로 개발돼야 한다.

이러한 이유로 브랜드 컨셉션Conception은 실체의 본질에서부터 시작돼야 한다. 브랜드 실체를 은폐·왜곡하지 않는 컨셉, 겉만 번지르르한 이미지로 소비자를 기만하지 않는 컨셉. 그것이 최선의 컨셉이다.

소위 말하는 차별화나 크리에이티브는 실체의 본질을 어떠한 관점에서 보느냐에 따라 멋지게 나올 수 있다. 남들이 다 알고 있는 실체의 본질을 다시 한 번 숙고해보는 것. 혹은 당연하다고 알고 있는 것이 '왜' 그래야 하는지 본질적 성찰을 던져보는 것. 그리고 그렇다면 나는 왜 이 일을 하는지를 깊게 고민해보는 것. 그것이 진정 차별화된 컨셉션의 시작이다.

2 /
진정한 차별화를 위한

이기는 컨셉 공식, 'BEAT'.

"현상은 복잡하지만, 본질은 단순하다."

–아리스토텔레스

컨셉은 왜 중요한가?

컨셉은 예전부터 단골 주제였다. 이상민 브랜드앤컴퍼니 대표는 컨셉을 '접착제'에 비유하며 브랜딩 요소들을 달라붙게 하는 '본드'의 역할로 설명했다. 컨셉이 해야 할 역할과 중요성을 매우 적확하게 표현했다고 생각한다. 홍성태 한양대 교수는 《모든 비즈니스는 브랜딩이다》에서 컨셉을 '비즈니스의 정신적 기둥'으로 설명한다. "확고한 컨셉이 구성원들 사이에 공유되어 형성되는 기업 문화는 강력한 힘을 발휘한다"는 것이다.

여러 다른 정의나 단상들을 살펴볼 필요 없이 컨셉은 비즈니스건, 상품이건, 서비스건, 그 대상이 뭐든 간에 특정 사업 영역의 중심 개념을 이루는 가장 중요한 것이면서, 사업 활동의 모든 부분들을 달라붙게 하는 접착체이자, 수레바퀴의 축이라 정리해두자.

컨셉은 브랜드와 비즈니스에서 가장 중요한 노른자다. 건강

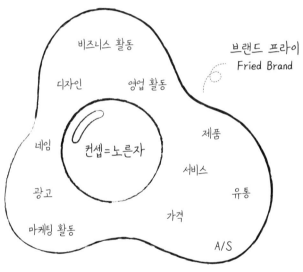

비스니스 활동

브랜드 프라이
Fried Brand

디자인　　영업 활동

네임

컨셉=노른자

제품

서비스

유통

광고

가격

마케팅 활동

A/S

컨셉을 중심으로 잘 프라이된 브랜드가 제일 맛있다!

한 컨셉을 지닌 상품이나 서비스가 건강하고 맛있는 브랜드로 프라이되는 것은 구태여 설명할 필요가 없다. 좀 더 부연하자면, 비즈니스를 운용하는 데 필요한 모든 유형의 컨셉은 다양한 마케팅 활동, 광고 활동, 영업 활동 등을 한데 묶는 허브 역할을 해야 한다. 브랜드의 컨셉을 도출하는 작업은 바로 비즈니스를 가장 성공적으로 이끌어가기 위한 출발점인 셈이다.

컨셉은 비즈니스 전개를 위해 360도 전방위적으로 모든 비즈니스, 브랜드, 마케팅 등의 요소를 일정한 방향으로 진두지휘하는 오케스트라 지휘자의 역할을 맡는다. 나는 이러한 특성을 '360° 컨셉 오케스트레이션360° Concept Orchestration'이라고 부른다.

애플이 지키고자 했던 것은?

사람들은 애플을 컴퓨터 회사, 스마트폰 회사라고 정의한다. 좀 더 포괄적으로 '스마트 디바이스 제조 회사'라고도 한다. 하

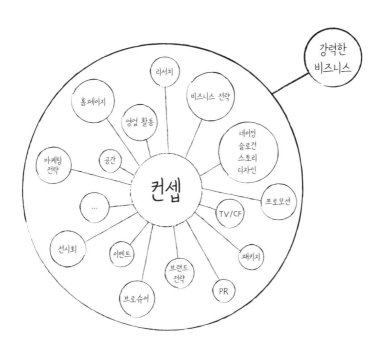

지만 이러한 정의는 애플의 업을 본질적으로 설명하지 못한다. 나는 개인적으로 애플 비즈니스의 본질을 스티브 워즈니악에게서 찾는다. 스티브 잡스와 더불어 애플의 공동 창업자였던 워즈니악은 비행기 사고를 기점으로 애플을 떠난 괴짜 엔지니어다. 그는 개인에 대한 감시와 억압에 대해 매우 부정적인 시각을 가진 사람이다. 그가 추구했던 가치는 '개인'이었다.

독립적 자유를 지닌 개인, 누구에게도 감시와 억압을 받지 않는 자유인으로서의 개인. 애플이 가장 먼저 '퍼스널 컴퓨터'를 화두로 제시한 것도 같은 맥락으로 보인다. 애플의 모든 제품과 서비스는 '개인화'에 맞춰져 있다. 아이폰 역시 같은 제품이지만, 사용 환경은 개인마다 다르게 세팅될 수 있다. 노트북도 마찬가지다. 이런 맥락에서 보면, 애플의 최고 경영자인 팀 쿡이 '범죄에 사용된 아이폰의 잠금장치를 풀어줄 수 있는 백도어를 만들어 달라'는 미국 법원의 명령을 공개적으로 거부한 것도 '개인의 자유'를 지키고자 했기 때문으로 이해할 수 있다. 애플의 본질은 '스마트 디바이스'가 아니라 '개인 자유의 확장'인 것이다. 인간의 능력을 자유롭게 확장시키기 위해 남들과 다르게 생각하고 Think Different, 혁신적 디자인을 통해 기계와 인간 사이의 인터페이스를 보다 쉽게 만드는 데 주목할 수밖에 없는 회사. 그래야만 온갖 정보에 대한 개인의 접근성이 용이해지고, 이로 인해 개인의 자유가 확대될 수 있다고 믿는 회사. 그들처럼 업의 본질을 설정하고 일관된 철학으로 업을 전개하려면 어떻게 해야 하는 걸까?

컨셉. 명확하고, 본질적이며, 일관성 있게 지켜갈 수 있는 컨셉이 있어야 한다. 그런 컨셉은 어떻게 만들 수 있을까? 관점은 단순하다. 시장이라는 동굴 속에 갇혀 있는 소비자를 속이면 안 된다는 것. 그러기 위해서 그림자 이미지의 컨셉은 되도록 그것의 원형인 실체에 가깝게 기획돼야 한다는 것. 따라서 투사되는 브랜드의 실체, 즉 업業에 대한 본질적인 탐구가 필요하고, 이에 기반한 컨셉 개발이 필요하다는 것. 현재 그 실체가 모호하다면, 실체를 혁신해 갈 수 있는 방향에 기반하여 컨셉을 만들고, 그 컨셉에 따라서 비즈니스를 혁신해야 한다는 것이다.

결국 제대로 된 컨셉션은 '소비자', '업業의 본질'이라는 두 축을 강력한 버팀목으로 상정해야 한다. 업의 본질에 대한 명확한 이해를 기반으로 소비자를 위한 컨셉을 만들어야 한다는 말이다. 다시 말하면, '소비 시민'을 위한 본질적인 컨셉이 필요하다는 말일 것이다. 컨셉의 궁극적 존재 이유는 바로 '사람'이다. 방금 언급한 두 축의 개념은 자연스레 다음의 질문들로 이어진다.

1. 해당 업業의 본질은 무엇인가?
2. 목표 소비자들은 어떤 상황에 처해 있는가?

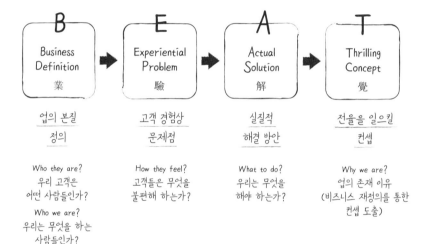

B	E	A	T
Business Definition 業	Experiential Problem 驗	Actual Solution 解	Thrilling Concept 覺

<u>업의 본질</u>
정의

<u>고객 경험상</u>
문제점

<u>실질적</u>
해결 방안

<u>전율을 일으킬</u>
컨셉

Who they are?
우리 고객은
어떤 사람들인가?

Who we are?
우리는 무엇을 하는
사람들인가?

How they feel?
고객들은 무엇을
불편해 하는가?

What to do?
우리는 무엇을
해야 하는가?

Why we are?
업의 존재 이유
(비즈니스 재정의를 통한
컨셉 도출)

3. 해결 방안은 무엇인가?

4. 최적의 컨셉은 무엇인가?

이상의 질문은 내가 브랜드나 기업, 혹은 어떠한 영역에 있든 컨셉을 만들 때 빼놓지 않고 던졌던 질문들이다. 이 컨셉션 방법론을 나는 'BEAT'라고 부른다. '비트BEAT'는 당연한 것들을 비트는 컨셉 공식이자, 진정한 차별화를 위한 이기는beating 컨셉 방법론이다.*

'업業'은 언제나 사람들이 불편해 하는 것을 해소하는 과정에

———

* 'BEAT'를 통해 분석을 하다 보면, 직관적으로 답이 나오는 경우도 있으나 추가 분석을 필요로 할 때가 많다. 3C 분석, SWOT 분석, STEP 분석 등 여러 경영적 분석 기법들이 동원될 때도 많다. 온갖 분석 방법론들이 존재하는데 각자의 취향과 상황에 따라 자유롭게 활용해도 무방하다. 그런 분석들을 통해 획득한 정보들을 종합적으로 분석하여, BEAT 모델에서 필요로 하는 항목들을 채워 넣을 수도 있다. 분석을 위한 방법론들은 서로 배타적이거나 모순되지 않는다. 방법론들은 세계를 이해하기 위한 '관점'일 뿐이다. 'BEAT' 역시 그렇게 이해하길 바란다.

서 생겼다. 집에 가서 밥을 먹을 수 없는 사람들을 위해 '식당'
이 생겼고, 충치로 고생하는 사람들이 있어 '치과'가 생겼다. 사
람들이 지닌 저마다의 욕망을 해소해주는 창구로서 업이 생긴
것이다.

업을 정의하는 데 가장 먼저 고민해야 할 것은 '어떠한 욕망
을 가진, 누구를 대상으로 하느냐' 하는 문제다. 고객을 명확히
정의해야 한다. 업은 그들을 위해 존재하기 때문이고, 그래야 업
을 실천하는 우리가 누구인지 명확히 정의할 수 있기 때문이다.

카페업을 하는 분들이 핵심 고객층을 '커피 전문가'로 설정
한다면Who they are?, 카페의 본질을 '품질 좋은 원두', '뛰어난 바
리스타' 등에서 찾아야 할 것이다. 그렇게 되면 카페는 '제대로
된 커피 문화를 제공하는 공간'으로 정의될 수 있다Who we are?.
반면 핵심 고객층을 노트북을 들고 다니며 업무를 보는 '스마
트 디자이너'로 설정한다면, 카페의 본질은 '원두'나 '바리스타'

에 있지 않고, 일하기 편안한 환경에서 찾아야 할 것이다. 그런데 그들이 보통의 카페에서 느끼는 불편함How they feel?이 노트북과 핸드폰을 충전할 콘센트의 부족이라면, 그들에게 필요한 것은 커피가 아니라 '콘센트'다. 카페 주인은 커피의 품질을 극대화하려는 노력보다도 콘센트 구멍을 많이 만들어 놓는 게What to do? 훨씬 효과적이다. 이 경우에는 카페의 본질은 콘센트에서부터 검토돼야 한다. 콘센트는 전기 공급을 통해 노트북, 휴대폰 등의 전자 제품을 충전해준다. 마찬가지로 사람들은 카페라는 공간에 와서 잠시 쉬어감으로써 몸과 마음을 충전한다. 이러한 발상 과정을 통해 우리는 '에너지 충전'이라는 컨셉을 도출한다. 이렇게 되면 '에너지 충전'은 스마트 디자이너들을 위한 카페의 존재 이유Why we are?가 된다. 명확한 존재 이유는 비즈니스의 차별적 이미지를 강화시키기 위한 중심축으로 작용한다. 만일 '에너지 충전' 카페가 되어 제공 메뉴도 에너지 강화에 맞춘

Business Definition 업의 본질 정의	Who they are? 우리 고객은 어떤 사람들인가?	카페에서 일하는 스마트 디자이너
	Who we are? 우리는 무엇을 하는 사람들인가?	스마트 워크 지원 공간
Experiential Problem 고객 경험상 문제점	How they feel? 고객들은 무엇을 불편해 하는가?	노트북, 핸드폰 배터리가 금방 방전된다.
Actual Solution 실질적 해결 방안	What to do? 우리는 무엇을 해야 하는가?	배터리를 충전할 수 있는 콘센트를 많이 만든다.
Thrilling Concept 전율을 일으킬 컨셉	Why we are? 업의 존재 이유	'에너지 충전 카페' ex.전기 충전, 몸의 에너지 충전

BEAT 컨셉션을 통한 '에너지 충전 카페' 도출 예시

영양 스낵, 웰빙 쿠키, 건강 차 등으로 구성한다면 고객은 '에너지 충전'이라는 컨셉을 직접 경험할 수 있다. 이처럼 컨셉을 일관되게 구현하려는 노력을 지속한다면 고객에게 강력한 브랜드 이미지를 전달할 수 있을 것이다.

실제 자기 사업을 하다 보면, 컨설팅을 할 때보다 생각이 많이 복잡해진다. 경쟁자들이 하는 것들을 다 해야 하나 싶기도 하고, 주변의 훈수 때문에 하루에도 몇 번씩 생각이 왔다 갔다 하기도 한다. 더구나 시장은 언제나 요동치고, 소비자들의 마음은 갈대와도 같다. 빠르게 변해가는 시장 내 현상들에 휘둘리지 않으면서도 소비자의 마음을 사로잡을 수 있는 본질적 영역의 선점이 필요한 이유다.

사업 규모에 상관없이 어떤 사장님들은 이미 그런 부분에서 도통했다. 하지만 대부분 그렇지 않다. 된장찌개 가게를 개업한 어느 사장님은 본질적 컨셉이나 경쟁력을 확보하지 못하고 잡다한 소비자 요구 사항들을 반영하기 시작했다. 그러다 보니 이 가게에서 취급하는 메뉴만 20가지가 돼 버렸고, 식당 운영의 효율성은 떨어지기 시작했다. 컨셉이 없는 탓이고, 주변 분위기에 휘둘린 탓이다.

컨셉션 모델 'BEAT'가 전 세계에서 가장 좋은 컨셉 도출 방법이라고 말하기는 어려울 것이다. 하지만 'BEAT'는 복잡한 현상을 걷어내고 명확한 본질을 바라보기 위한 최소한의 방법이다.

Business Definition, 業
업의 본질 정의

업의 본질을 정의하기 위해 최소한 두 가지를 검토해야 한다. 1)목표 고객은 누구이고, 그들을 대상으로 할 때 2)업을 어떻게 정의할 것인가 하는 문제다.

1) Who they are? : 우리 고객은 어떤 사람들인가?

목표 고객을 정의하기 위해서는 먼저 몇 가지 용어를 명확히 구분할 필요가 있다. '컨수머Consumer'와 '커스터머Customer'. 전자는 '소비자'이고, 후자는 '고객'이다. 수년간 강의와 컨설팅을 하다 보니, 많은 사람들이 '고객'을 '소비자'보다 존중을 담은 표현으로 알고 있거나, 같은 의미로 파악하고 있음을 알게 됐다. 두 개념을 쉽게 구분지어 보면, '컨수머'는 '사용하는 사람'이고 '커스터머'는 '사는 사람'이다.

　기저귀를 예로 들어보자. 기저귀의 '컨수머'는 '아기'다. 하지만 아기들이 기저귀에 똥오줌을 싸고 나서 동네 슈퍼로 걸어와

"아줌마, 기저귀 하나 주세요!"라고 주문을 하지 못한다. 그런 아이가 있었다면 진작에 〈신비한 TV 서프라이즈〉에 나왔을 것이다. 기저귀를 구매하는 사람은 주로 엄마들이다. 비즈니스를 할 때는 컨수머와 커스터머를 동시에 봐야 하지만, 커스터머, 즉 '사는 사람'을 우선적으로 봐야 한다. 기저귀를 판매할 때 '엄마'들을 봐야 하는 이유다. 엄마들이 걱정하는 불안 요소를 해결하고, 불편해 하는 요소를 해결하면 기저귀 판매량을 늘릴 수 있을 것이다. 기저귀 뒷면에 테이프가 붙어 있는 이유는 '아기'들을 위해서가 아니라, 기저귀를 갈 때 엄마들이 기저귀를 쉽게 돌돌 말아 붙일 수 있도록 하기 위해서다. 엄마들은 아기들이 실제로 어떤 느낌으로 기저귀를 대하는지는 직접 기저귀를 차보지 않는 이상 알지 못한다. 대다수 브랜드들을 비슷하게 생각할지도 모를 일이다. 어떤 엄마들은 그런 것들은 다 비슷할 거라 생각하고, 본인이 관리하기 편리한 기저귀를 선호할 수도 있다. 그런 엄마들이 목표 고객이라고 한다면, 기저귀에 테이프를 붙여서 매출 향상을 도모하면 된다.

　목표 고객을 설정하려면 기존 시장 내 고객 유형을 면밀히 나눠 본 후, 내 사업에 적합한 고객을 취사선택하면 된다. 고객을 연령, 성性, 지역, 정치 성향, 경제력, 라이프 스타일 등 각자의 기준에 맞춰 구분 짓고, 보다 효과적으로 접근할 수 있을 것 같은 고객을 목표 고객으로 설정하는 것이 쉬운 방법이다. 목표 고객이 설정되면, 그들에 대한 면밀한 프로파일링 분석이 필요하다.

2) Who we are? : 우리는 무엇을 하는 사람인가?

목표 고객을 대상으로 하는 우리 업의 본질은 어떻게 정의할 수 있을까? 업을 정의하기 위해서는 목표 고객들이 일반적으로 원하는 것이 무엇인지 파악해야 한다.

원하는 것, 즉 욕망은 마케팅에서 크게 두 가지 차원으로 구분된다. 니즈Needs와 원츠Wants. 이 두 개념 역시 명확한 구별 없이 혼용될 때가 많다. 니즈는 '1차 욕구'이고, 원츠는 '2차 욕구'다. '배가 고픈 사람'이 지닌 1차 욕구는 '뭐든 먹고 싶다'는 것으로 정의된다. 이 욕구를 해소하기 위해서는 굶주림을 채워주는 무엇이든 있으면 된다. 그것이 빵이건, 물 2리터건, 라면이건, 두부건 상관없다. 1차 욕구 해소는 뭐든 '배고픔을 잊게 해줄 음식'이면 가능하다. 하지만 만일 충치가 많아서 딱딱한 음식을 씹기 어려운 사람이라면, 딱딱한 바게트나 질긴 음식은 먹기 곤란할 것이다. 배가 고프면서 치아 상태가 좋지 않은 사람의 2차 욕구는 '부드러운 음식'이다. 그런 사람에겐 카스텔라나 두부, 즙, 주스, 죽 같이 씹는 데 불편함이 없는 음식이 더 낫다.

일반적으로는 1차 욕구를 충족시킨 후 2차 욕구에 대응하는 것이 맞다. 특정 상품이나 서비스에 대해 1차 욕구조차 없는 소비자에게 2차 욕구 차원의 메시지를 아무리 강조해도 구매로 이어지지 않기 때문이다. 가령 어떤 마케터가 냉장고를 필요로 하지 않는, 즉 냉장고 자체에 대한 1차 욕구를 느끼지 못하는 에스키모에게 냉장고 디자인의 아름다움이라든지, 냉장칸과 냉동칸의 수납 용이성 같은 2차 욕구를 아무리 강조해 봐도 냉장고를 판매하지 못할 것이다. 소비자에게 구매를 일으키려고 할 때 우리가 전하는 메시지가 1차 욕구에 해당하는 것인지, 2차 욕구에 해당하는 것인지 구분해야 하는 이유다. 소비자들이 현재 니즈와 원츠 중 어떤 단계에 머물러 있는지를 파악하는 것이 필요하다. 니즈조차 없다면 원츠는 결코 생기지 않는다.

마케팅에서는 에스키모에게 냉장고를 판매한 일본 마케터들의 스토리가 유명하다. 음식을 집 밖에 두면 냉동고고, 집 안에 두면 냉장고가 되는 그들에게 냉장고는 불필요한 물건이었다. 냉장고에 대한 1차 욕구 자체가 없던 것이다. 미국과 유럽의 마케터가 판매에 실패한 바로 그 지점에서, 일본 마케터는 1차 욕구를 만들어 냈다. 오랫동안 이누이트족을 연구해 보니 이누이트족 남성의 평균 수명이 전 세계 남성들보다 10년이나 더 짧다는 것을 알아냈고, 그 원인이 부패한 음식을 많이 먹기 때문이라고 분석했다. 자연 상태에서 보관한 생선에 육안으로 관찰되지 않는 부패가 점진적으로 진행되고 있었다는 것이다.

일본 마케터들은 부패한 음식을 많이 먹게 된 원인이 냉장고를 쓰지 않았기 때문이라고 주장했고, 이누이트족들은 10년을 더 살기 위해 냉장고를 사고 싶어 했다. 일본의 마케터들이 매출을 일으키기 전에 유럽과 미국의 마케터들이 이누이트족에게 먼저 접근했는데, 그들은 냉장고의 디자인, 경제적 관리, 수납 효율성 등과 같은 2차 욕구를 건드렸기 때문에 판매에 실패했다는 후문이다. 믿거나 말거나. 결론적으로 이누이트족을 상대로 하는 냉장고 판매업은 '헬스 케어 사업'으로 정의될 수 있고, 이러한 업의 본질 정의가 구매를 견인하는 핵심 컨셉으로 직접 연결됐음을 알 수 있다.

이처럼 니즈와 원츠를 명확히 파악하고 대응 전략을 수립한다면, 구매를 일으킬 수 있는 '업의 정의'를 얻을 수 있다. 우리 업이 무엇인지 정의하기 위해서는 목표 고객을 정의하고, 현 단계에서 그들의 욕구가 니즈 차원에 있는지 원츠 차원에 있는지를 명확히 분석해야만 한다.

고객의 니즈와 원츠가 명확히 분석된 후에는 그들을 위해 업이 제공해야 하는 것들을 명료화할 수 있다. 업이 제공하는 제품과 서비스의 속성을 본질적으로 규정하는 작업이 필요하다. 이를 위해 우리는 업의 '본질적 속성'과 '부가적 속성'을 구분해야 한다. 본질적 속성은 '반드시 그러해야 하는' 속성이다. 스마트 디자이너를 위한 카페는 기본적으로 스마트 워크를 지원

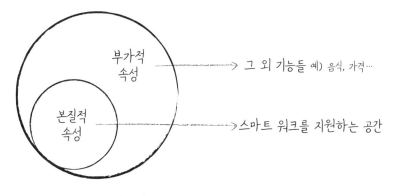

내부 텍스트:
부가적
속성

본질적
속성

그 외 기능들 예) 음식, 가격···

스마트 워크를 지원하는 공간

스마트 디자이너를 위한 카페 = '스마트 워크를 지원하는 공간'

할 수 있는 공간이어야 한다. 콘센트, 와이파이, 배터리 충전기
는 그런 본질적 속성을 구현하는 예시일 뿐이다. 그러나 값싼
쿠키, 벽면 인테리어 디자인 등의 부가적 속성들은 그들의 기
본 욕구를 채우기 위해 반드시 필요한 것들은 아니다.

Experiential Problem, 驗
고객 경험상 문제점

How they feel? : 고객들은 무엇을 불편해 하는가?

사람들이 불편해 하는 문제점을 발견하는 방법에는 크게 두 가지가 있다. 1)직접 물어보는 방법과 2)관찰하는 방법.

직접 물어보는 방법은 구조화된 설문지를 통해 정량적으로 조사를 하는 방법과, 관련 타겟 패널들을 한데 모아 물어보고 토론하게 만드는 FGI Focus Group Interview, FGD Focus Group Discussion, IDI In-depth Interview 같은 방법 들이 있다. 이러한 조사 방법은 소비자가 직접 이야기하는 방식이기에 스스로를 속여 응답하거나, 주변 패널의 이야기에 영향을 받는 등 편향적인biased 언급이 나올 수 있다는 단점이 있다. 그래서 이러한 소비자 응답 결과를 100퍼센트 신뢰할 수 없으며, 그렇지 않을 경우 낭패를 보는 경우가 종종 있다. 가령 영어 학원의 이름을 짓는 과정에서 많은 학부모들이 '한글로 된 학원 이름을 선호한다'고 응답해서 순우리말로 학원 이름을 지었는데, 실제 학부모들은 무의식적으로 영어 간판을 단 학원에 아이들을 보내더라는 것이다.

관찰하는 방법 중에는 직접 해당 타겟군으로 들어가 동화되어 생활하는 '참여관찰법'이 있다. 이는 집단에 동화되기까지 오랜 시간이 걸려 발 빠른 결론을 도출해야 하는 기업에 적합하지 않다. 학술 연구에 적합한 방법이다. 군이 오랜 기간 동안 축적된 데이터 인사이트가 필요하다면, 비슷한 주제의 학술 연구 보고서를 참고하는 것이 바람직하다. 하지만 집단 구성원에게 직접 듣는 것이 상당히 중요하기 때문에, 기간을 좀 더 줄이거나 변형된 방식의 참여관찰을 시도할 수도 있다. 허락하에 가정 내 CCTV를 설치하고 관찰한다거나, 쇼핑객들의 특성을 보기 위해 '미스터리 쇼핑'을 장기간 실시하는 방법도 있다.

보다 구체적으로는 소비자들의 욕구를 충족시키지 못하는 불편한 지점Pain Point을 찾는 방법도 있다. 이런 작업을 할 때는 소비자가 1)상품이나 서비스를 경험하기 이전Pre-experience, 2)경험하는 동안During-experience, 3)경험 이후Post-experience의 3단계 과정 내 모든 경험 접점을 분석적으로 나열하여, 면밀히 검토하는 고객 구매 여정 분석Customer Purhcase Journey Analysis을 실시하게 된다. 각 접점별 중요 요소를 평가하고, 그 요소들이 각자의 만족도에서 몇 점을 차지하는지 분석하여 가장 큰 불만 요소를 추출하는 방식이다.

Actual Solution. 解
실질적 해결 방안

What to do? : 우리는 무엇을 해야 하는가?

앞 단계에서 문제점이 명확하게 분석되면, 해결 방안은 의외로 쉽게 도출될 수 있다. 예를 들어 '남성 직장인들은 오후 4~5시에 배고파 한다'는 문제점이 있다면, 그 시간대에 부담스럽지 않게 먹을 수 있는 무언가를 주거나, 배고픔을 잊게 만들 수 있는 다른 장치를 모색하는 방법으로 해결책을 마련해 볼 수 있을 것이다. 다양한 관점에서 해결 방안들이 제시될 수 있겠으나, 중요한 것은 그러한 해결 방안을 사업 주체가 실행에 옮길 수 있는지 여부다. 도출되는 해결책 중에서 사업 주체가 실행에 옮길 수 있는 것이 무엇인지 선별하는 과정 Feasibility Check 은 매우 중요하다.

사무실에서 급한 일을 하느라, 배가 고픈데도 음식을 사먹으러 갈 시간이 없는 사람에게는 진수성찬보다 지금 자기 책상 앞에서 간단히 먹을 수 있는 어떠한 형태의 음식이라도 있는 게 더 중요하다. 그 사람에겐 음식의 종류나 품질로 접근할 게 아니라, 지금 있는 곳까지 '배달해 준다'는 정보를 제공하는 편이 낫다. 이 경우엔 배달 여부가 구매를 자극하는 데 더 도움이 된다. '배달 가능'한 가게를 선택한 후, 김밥, 떡볶이 아니면 햄버거 등 메뉴를 선택하게 될 가능성이 높다. 이것이 2차 욕구다. 2차 욕구는 두 번째 문제다. 고객이 당면한 문제를 해결하기 위한 본질적 솔루션은 '배달'인 것이다.

해결 방안을 모색하는 과정에서는 다양한 문헌 연구와, 동료 혹은 전문가들과의 '크리에이티브 토크Creative Talk'를 통해서

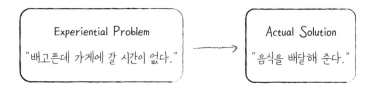

다양한 아이디어를 브레인스토밍할 수 있다. '크리에이티브 토크'에는 반드시 중심을 잡아주는 사회자가 필요하고, 해당 영역과 관련되는 다양한 포지션의 전문가들이 사전 스터디를 하고 나서, 압축적으로 의견을 개진하고 상호 평가하는 절차가 포함돼야 한다. '토크샵Talk Shop'을 진행할 때에는 해결 방안과 유사한 활동을 해왔던 기업이나 개인의 활동들에 대한 케이스 스터디를 병행하면 시너지를 낼 수 있다.

Thrilling Concept, 覺
전율을 일으킬 컨셉

Why we are? : 업의 존재 이유

상기한 모든 과정을 거쳐 도출된 종합 명제를 통해 업의 존재 이유를 재정의해 볼 차례다. 이를 통해 복수의 컨셉 후보안들이 도출되면, 최적의 컨셉을 선정하기 위한 평가 과정을 거친다.

컨셉 평가에서 가장 중요한 것은 '업의 본질과 얼마나 강하게 연관'돼 있는지에 대한 것이다. 아무리 멋있고 좋아 보이는 컨셉이라도 업의 본질과 연관성이 미약하다면 과감히 포기할 필요가 있다. 마케팅 차원에서 아무리 인지도를 높여 주고, 컨셉에서 파생되는 컨텐츠가 아무리 많은 소비자의 공감을 끌어 낸다 해도 연관성 부족으로 매출 진작에 기여하지 못할 것으로 판단된다면 부적합 판정을 내려야 한다. 비즈니스에서는 소비자의 마음을 감동시켜 저절로 지갑을 열게 하는, 그래서 매출을 제고할 수 있는 컨셉이 가장 훌륭한 것이기 때문이다.

두 번째로 살펴야 할 기준은 '실행 가능성'이다. 아무리 좋은 컨셉이라도 현실적으로 구체화하기 어려운 것이라고 한다면, 아깝더라도 폐기 처분해야 한다. 실행 가능성은 인력, 자본, 시스템 등 내부 조직의 역량과 시장 내 현실 등 각자 상황에 맞는 기준에 따라 평가한다.

다음 검토해야 할 기준은 '차별성'이다. 고객과 업에 대한 본질적 탐구에서 추출되는 아이디어들은 자칫하면 매우 일반적인 컨셉으로 기획될 가능성도 배제할 수 없다. 차별성은 내부 임직원, 고객, 전문가 들이 평가하는 경쟁사 대비 차별성 정도를 집계하여 종합적으로 평가한다.

3 / 공항 서비스의 본질

: '마음씀'의 철학이 답이다.

2010년 4월, 아이슬란드 화산 폭발로 유럽발 항공 대란이 일어났다. 공항에는 200여 명의 외국인 여행객들이 삽시간에 노숙인 신세로 전락하여 공항 곳곳에 자리를 차지하고 있었다. 일반적인 시각에서 보면, 그 상황은 공항의 잘못이 아니었기 때문에 아무것도 하지 않아도 됐다. 하지만 공항 측은 그 여행객들에게 세트 요리 쿠폰을 무료로 지급했고, 24시간 무료 사우나 및 라운지 시설 개방, 무료 인터넷 및 영자 신문 서비스 제공, 무료 진료 서비스 등 기대하지도 못했던 많은 서비스를 제공했다. 당시 공항에 묶여 있던 여행객들의 이야기를 직접 들어보자.

> "터미널에서 가족과 4일간 머무르는 동안 편안한 숙식과 목욕 등 따뜻하고 세심하게 편의를 제공해 준 공항 측에 고마움을 느꼈다. 이 나라를 평생 잊지 않겠다." -익명의 독일 승객

"예외적인 상황에서 보여준 공항 직원의 인내와 노고, 그리고

배려에 감사를 드린다. 당신들의 모든 친절에 감사하다."

– 20대 영국인 여성 승객

눈치챘는지는 모르겠지만, 이 이야기는 바로 인천공항의 이

야기다'유럽발 항공 대란에 인천공항 더욱 빛났다', 〈한국일보〉 2010년 4월 22일자. 명

실상부 전 세계 공항 서비스 평가 1위에 빛나는 자랑스러운 대

한민국 인천공항. 인천공항의 서비스를 경험한 사람들은 대부

분 이렇게 이야기한다.

"Something Different무언가 다르다."

그 당시 인천공항을 수식하는 표현이었다. 무언가 다른 공항

Something Different Airport. 당시 인천공항은 6년 연속 전 세계 공항 서

비스 평가ASQ 1위를 차지하고 있었다. 이 글을 쓰고 있는 2016년 현재, 인천공항은 연속 11년째 세계 공항 서비스 평가 1위를 기록하고 있다.

내가 인천국제공항공사에 불려간 건 2011년 늦가을이었다. 당시 인천국제공항공사 사무실 한 켠에서 상담을 하고 있는데, 눈에 들어온 일본인이 있었다. 하네다 공항의 직원인 그는 인천공항의 성공 요인과 비결을 배우고자 왔는데, 그에게 인천공항이 어떻냐고 물었더니 "무언가 다른데, 그 다른 것이 무엇인지 몰라 아직도 비결을 모르겠다"고 했다. 지금도 마찬가지겠지만, 당시에는 일본인뿐만 아니라, 창이공항, 하네다 공항, 히드로 공항 등 유수한 국제 공항 근무자들이 인천공항에 와서 서비스를 포함한 비즈니스 전반을 벤치마킹하기 위한 파견 교육을 받고 있다고 들었다.

내가 불려간 이유는 바로 그것이었다. 인천공항은 무언가 다른데, 그 다름의 실체가 정확히 정의되지 않는다는 것이었다. 그것을 정의해달라는 것이 나와 내 팀에 떨어진 과제였다. 서비스 철학을 정의하고, 그것을 내부 임직원들이 내재화할 수 있도록 새로운 내부 브랜드를 만드는 것이 숙제였다.

서비스 철학 내재화를 위한 브랜드 컨셉과 브랜드를 만드는 일이었다. 좀 더 있어 보이는 표현을 쓰자면, 인천공항의 성공 DNA가 무엇인지 정의해달라는 셈이다. 그래서 그러한 성공 DNA를 내부 임직원 및 전 세계 공항 관련 종사자들에게 전수해줄 수 있다면, 전 세계인들이 보다 나은 공항 서비스를 누릴 수 있을 거라는 대승적 차원에서 시작된 작업이었다.

경쟁 입찰을 통해 프로젝트를 수주하는 과정은 고사하고, 프로젝트 자체가 쉽지 않았다. 이미 전 세계 공항 관계자들이 인천공항의 시스템을 배우고 연구했지만, 그 성공 비결이 무엇인지는 전혀 알 수 없었기 때문이다. 일단 프로젝트에 대한 욕심이 생겼다. 전 세계가 바라보고 있는 인천공항의 핵심 성공 요인을 쉽게 정의해서 서비스의 종류를 막론하고 많은 기업인들이 그러한 강점과 성공 원리를 배울 수만 있다면, 모든 사람들에게 이로울 수 있을 거란 기대감 때문이었다.

몇 주일이 지나, 경쟁 입찰을 통해 일을 수주받았다. 나는 팀원들과 함께 담당자의 안내를 받으며 며칠간 인천공항을 샅샅이 돌아다니며 하루 동안 서비스가 운영되기 위해 얼마나 많은 기업과 단체, 정부 조직이 움직여야 하는지 배웠다. 정확히 기억이 나지 않지만, 비행기가 무사히 뜨고 내리기 위해서, 탑승 대기 시간 동안 여행객이 지루해하지 않도록, 그리고 한국 문화를 외국인들에게 효과적으로 알리고 깊은 인상을 심어주기 위해서 570개의 기업, 단체, 조직 등이 협업을 해야 한다고 들었다.

인천공항이 운영되는 시스템은 마치 하나의 오케스트라와

같았다. 인천국제공항공사는 오케스트라의 총지휘자였다. 결국 공항 내 모든 서비스를 어느 정도 지휘할 수 있는지에 따라 서비스의 질이 결정되는 것이었다. 그렇다면 지휘자로서 어떻게 했기에 단원들이 최상의 오케스트라를 합주할 수 있도록 유도했는지가 중요해진다.

한때 높은 인기를 모았던 드라마 〈베토벤 바이러스〉의 주인공, '강마에'라는 인물이 떠올랐다. 김명민 씨가 분했던 강마에라는 캐릭터는 단원들을 무시하고 '똥덩어리'라는 말을 서슴지 않는 불통의 리더였다. 단원들의 말을 듣지 않는 고집쟁이 지휘자 밑에서는 최고의 능력을 발휘하기는커녕, 음악의 조화를 이뤄내기도 쉽지 않은 법이다. 하지만 그랬던 그가 단원들과 깊이 있는 인간관계를 맺기 시작했다. 그들을 이해하고 소통하기 시작한 것이다. 고집은 있으나, 그것은 최고의 음악을 만들어내기 위한 고집이지, 불통의 고집은 아니었다. 결과적으로 강마에는 감동을 선사할 수 있는 오케스트라 팀을 만들었다. 내가 보기에 인천국제공항공사는 '강마에'보다 훨씬 뛰어난 지휘자였다. 인천공항이 무슨 생각을 해왔는지, 그 생각을 실천하기 위해 무얼 어떻게 해왔는지 알아야 한다. 하지만 인천공항만 연구한다고 해서 그 실체를 정확히 알 수 있을까?

팀원들에게 《탈무드》에 나오는 '굴뚝 청소부' 이야기를 했다. "두 아이가 굴뚝을 청소했다. 한 아이의 얼굴을 까맣게 더러워졌고, 한 아이의 얼굴은 굴뚝을 들어가기 전 그대로 하얗다. 누가 세수를 할 것인가?" 알려진 것처럼 이 경우에는 얼굴이 하얀 아이가 세수를 한다. 상대의 얼굴을 보고 '내 얼굴도 더러워졌구나!'라고 생각하기 때문이다. 당시 현명한 팀원들은 이미 이 이야기를 알고 있었다. 물론 같은 굴뚝을 청소했는데 누구는 까맣고 누구는 하얄 수 없을 것이다. 어찌 됐든 간에 상대를 보고 내 상태를 파악한 굴뚝 청소부처럼, 인천공항의 상태를 파악하기 위해서는 상대에 대한 연구가 필요했다.

보통 경영학에서는 3C분석을 통해 이러한 과정을 파악한다. 3C분석은 자사분석Company Analysis, 경쟁사 분석Competitor Analysis, 고객 분석Customer Analysis의 앞 글자 C를 모아 호명한 것이다. 진부하긴 하지만, 여전히 가장 기본적인 분석 방법으로 통하고 있다.

부연하자면 분석의 방법론이나 틀이 혁신적이고 새롭다고 해서 'FGI Fucking Great Insight'가 나오지는 않는다. 많은 사람들이 이 점을 착각하고 있다. 기존의 방법론을 가지고 인사이트를 추출하지 못하는 상황에서 깊은 연구와 비판적 성찰을 하기보다 새로운 방법론만 찾아 헤매는 태도를 보면 그렇다는 이야기다.

아무튼 회의가 시작됐다. 인천공항의 세련된 시설과 체계적인 시스템을 며칠간 견학하고 온 우리들은 의욕에 넘쳤다.

"인천공항 내 호텔을 잡아주면 프로젝트를 더 열심히 할 텐데…."

"비행기 타고 해외에 갔다 오면 영감이 떠오를 텐데…."

"이 참에 다른 해외 공항들을 직접 다녀와서 현장감을 더 잘 살린 분석을 하면 어떨까요?"

마음 같아서는 다 해주고 싶다. 하지만 ROI Return on Invest: 투자 대비 수익률를 늘 옆에 두고 계시는 경영진이 허락할 리 만무하다. 내 선에서도 이해할 수 없는 팀원들의 요구였다. 나는 그러한 철없음에 보복이라도 하듯, 각종 업무 지시를 내렸다.

"세계 유수의 공항이 어떻게 운영되고 있는지, 어떤 특별한 서비스가 있는지, 입·출국 시간은 어떠한지, 평당 면세점 매출액은 어떻게 되는지, 공항을 거쳐 간 여행객들의 반응은 어떤지, 세계공항서비스평가ASQ 순위는 어떠한지, 영화, 드라마, 소설 속에서 각 공항들이 묘사되고 있는 건 없는지, 있다면 어떻게 묘사되고 있는지, 각 공항들은 스스로 어떠한 이미지 광고를 하고 있는지, 자기 PR은 어떻게 하고 있는지 샅샅이 조사해서 다음 회의 시간에 모일 것."

몇몇은 담배를 피우러 갔고, 몇몇은 업무 지시 때문에 받은 스트레스를 풀기 위해 커피를 마시러 갔다. 상관없다. 나는 일을 하는 동안에는 책상에 앉아 있든 말든, 사무실에 있든 말든, 지각을 하든 말든 별 신경을 안 쓴다. 인사이트는 책상머리에서만 나오는 것이 아니기 때문이다. 주어진 기간 내에 최적의 결과를 내기 위해 서로 협업을 하고, 지혜를 발휘하기 위해 노력을 하는 모습이 더욱 중요하다. 그 시간은 다만 30분만이라도 상관이 없다. 이틀 만에 업무 지시를 이행해온 동료들은 다시 회의실에 모였다. 각자 스터디한 공항에 대해 발표를 시작했다.

"스키폴Schipol 은 '가장 선호하는 유럽 공항'으로 포지셔닝을 유도하며, 공항 복합도시화를 추진 중이었으며, 문화 및 디자인 차별화를 도모하고 있었다."

"프라포트Fraport 는 고객 만족을 더욱 강화하기 위해 시설, 서비스 면에서 개선을 하고 있었으며, 히드로Heathrow 공항은 모든 여행을 '낫게better' 한다는 포지셔닝으로 감성적이고, 문화적인 방식의 커뮤니케이션을 시도하고 있었다."

"인천공항에 1위를 빼앗긴 창이Changi 공항은 다양한 즐거움
을 소구하며, '독특한 허브 공항'을 표방하고 있었다. 나리타
Narita, 하네다Haneda 공항도 허브 공항을 표방하고 있었는데,
특히 하네다의 경우 에도의 느낌을 재현한 쇼핑 거리 '에도코
지江戸小路'를 만들기도 했다."

팀원들이 해외 공항을 스터디하는 동안 나는 인천공항을 살
펴봤다. 당시 인천공항의 특별한 성공 요인으로 관찰되던 것
들은 'CS 아카데미', '상주 직원 합동 CS 교육', '서비스 현장 교
육', '고객 서비스 관련 지식 습득', '상주 기관 간의 팀워크 강
화', '성과 공유제', '인센티브&페널티', '세련된 유니폼', '승객
예고시스템출국 18분, 입국 14분', 'U-에어포트 전략', '대중교통시스
템 개선 및 네트워킹 강화', '도어-투-도어door-to-door 서비스',
'심사에서 서비스로CIQ 서비스', '고객위원회', 'BHS 신속한 수하

물 처리 속도 및 강력한 운송 능력 보유', '면세점 공동 포지셔닝 브랜드-에어스타 애비뉴' 등이었다. 이외에도 무수히 많은 혁신 서비스들이 있었다. 하지만 저런 서비스들은 해외 공항들도 각 개별 단위에서 도입할 수 있을 거라 생각했다. 인천공항만의 독특한 성공 요인으로 해석할 수 있는, 각 개별 서비스 단위를 넘어서는 '인천공항다움'을 찾아야만 했다.

'인천공항다움'을 정의하려면 반드시 검토해야 할 질문들이 있다. 본질을 이해하는 컨셉션 모델, BEAT를 떠올려 보자. BEAT에 따라 검토 사항을 정리하면 다음과 같다.

1. B (Business Definition, 업의 본질 정의)

- Who they are? : 인천공항의 고객은 어떤 사람들인가?

- Who we are ? : 인천공항은 무엇을 하는 곳인가?

2. E (Experiential Problem, 고객 경험상 문제점)

- How they feel? : 고객들은 어떤 문제에 봉착해 있는가?

3. A (Actual Solution, 실질적 해결 방안)

- What to do?: 인천공항은 무엇을 해야 하는가?

4. T (Thrilling Concept, 전율을 일으킬 컨셉)

- Why we are?: '인천공항다움서비스 철학'은 무엇인가?

인천공항은 어떻게
세계 서비스 1위를 할 수 있었나?

1. B (Business Definition, 업의 본질 정의)
인천공항의 고객은 어떤 사람들인가?
인천공항은 무엇을 하는 곳인가?

인천공항은 '여행객'을 대상 고객으로 한다는 점에서 다른 공항과 다르지 않다. 김포공항보다 더 많은 국가와 에어라인을 구축하다 보니 전 세계에서 여행을 즐기는 모든 여행객들이 대상 고객이라 할 수 있다. '전 세계 여행객Who they are'을 대상으로 하는 공항 서비스업. 그게 뭘까? 전 세계 여행객들이 원하는 것을 중심으로 '공항'이 가진 본질적 속성을 정의해야 한다.

　여행객들이 공항에 가면, 비행기를 타고 내리는 것 외에 여행에 필요한 물품을 구매하거나, 식사를 할 수도 있다. 심지어 공항 하면 '면세점'을 떠올릴 정도로 많은 여행객들은 공항에서의 쇼핑을 기대하기도 한다. 인천공항을 예로 들어보자면,

아이스링크와 사우나, 네일샵, 숙박 시설, 극장도 있다. 공항의 본질적 기능만 고려한다면 모두 불필요한 기능일지도 모른다. 이러한 것들은 여행을 오가는 사람들에게 보다 나은 편의를 제공하기 위해 더해진 부가적 기능들이다.

공항의 본질적 속성은 무엇인가? 업의 본질을 탐구하는 가장 기본적인 방법 가운데 하나는 단어의 의미를 검토해 보는 것이다. 주로 업을 표현하는 단어에는 그 태생적 스토리와 역사, 본질적 정의가 담겨 있기 때문이다. 공항은 '空港'이라고도 쓰고, 'Airport'라고도 쓴다. 한자나 영어 모두 해석해 보면, '하늘air, 空의 항구port, 港'라는 의미다. 다시 말해 공항은 '하늘 문'으로서 하늘을 통해 타국, 타 도시로 진입하기 위해 반드시 거쳐야만 하는 관문이라는 의미를 담고 있다. 공항은 여행객이 가고자 하는 지역으로 가기 위한 나들목이다. 공항이라는 말 자체에 포함된 어원적 정의는 기본적으로 이러한 '출입구', 즉 '나들목'의 성격을 지닌다. 나들목은 드나드는 데 불편함이 없어야 한다. 일반적으로 나들목은 오래 머무르는 곳이 아니다. 공항의 본질적 기능인 '나들목'으로서의 기능은 가장 기본적인 사항이기 때문에 많은 공항들이 그 외에 부가적인 기능들, 예를 들어 편의 시설, 대인 서비스, 환경 개선 등을 경쟁적으로 개선하려 한다. 더 이상 본질적 기능에서는 차별화를 도모하기 어렵다고 판단했기 때문인 것 같다.

많은 공항들이 서비스를 개선하고자 공항의 부가적 기능쇼핑, 문화 체험, 숙박 및 라이프 스타일 편의 시설 등을 강화하는 방향으로 사업 전략을 수립해온 것이 사실이다. 리테일샵을 어떻게 배치할 것인지, 먹거리를 어떻게 놓을지, 부가 서비스는 무엇을 제공해야 하는지를 두고 치열하게 경쟁을 펼친다. 하지만 여행객들의 마음 깊숙한 곳에 감동을 심어주는 것은 이러한 부가적 기능이 아니다. 부가적 기능은 사실 있으면 좋지만, 없어도 상관없는 것들이기 때문이다. 특별한 명분과 이유 없이 남들이 다 하기 때문에 해야 하는 기능들이라면, 차라리 안 하는 것이 나을 수도 있다.

중요한 것은 업의 본질적 기능을 재확인하고, 필요하다면 재해석하는 것이다. 그래서 우리는 공항의 본질적 기능에 초점을 맞췄다. 공항의 본질적 기능은 '나들목'이다. 다시 말하지만, 나들목은 드나드는 데 불편함이 없어야 한다.

전 세계를 오가는 여행객들이 원하는 것은 무엇일까? 구태여 분석할 필요가 있을까? 그들이 원하는 것이 '즐겁고 행복한 여행'인 것은 두말할 필요가 없다. 물론 테러, 밀입국 등의 특별한 목적을 가진 여행객을 제외하면 말이다. 여행객들이 잠시 머물러 갈 뿐인 '나들목'으로서의 공항이 '즐겁고 행복한 여행'을 원하는 여행객들에게 할 수 있는 것은 무엇일까? '최소한'이라는 관점에서 보자면, 공항은 출입국의 설렘과 즐거운 기억을

방해하지 말아야 한다. 공항에서의 특정한 경험 때문에 즐거움
과 행복감을 조금이라도 망치게 된다면 공항에 대한 여행객의
만족감은 떨어질 수밖에 없다. 전 세계 여행객들을 위해 인천
공항은 있는 듯 없는 듯 조용히 그들의 '즐겁고 행복한 여행을
지원하는 파트너'여야 한다Who we are.

2. E (Experiential Problem, 고객 경험상 문제점)
여행객들은 어떤 문제에 봉착해 있는가?

2009년 시카고 출장을 위해 LA공항을 경유해야만 했던 때가
생각난다. 당시 LA공항에서는 동양인인 나를 쉽게 통과시키지
않았다. 9·11 테러 이후 검문 검색이 강화된 탓이었다. 미국인
들은 쉽게 통과하는데, 한국 국적의 나는 러닝셔츠 하나, 바지
한 벌 빼고 옷을 모두 벗어야 했고, 내 직업을 설명하고 내가 가

진 모든 물품을 다 꺼내어 심사관을 설득해야 했다. '나는 테러리스트가 아닙니다'라는 식으로 말이다.

기분이 좋지는 않았지만, 덩치가 큰 그 흑인 심사관을 이길 배짱도 없었고, 미국이라는 강대국으로 들어가는 관문에서 문제를 일으켜 봐야 좋을 것도 없었다. 그렇게 꼬박 30여 분이 흘렀고, 비행기를 탈 시간은 얼마 남지 않아 나는 서점만 잠시 들렀다가 비행기를 탔다. LA공항에 뭐가 준비돼 있는지, 어떤 분위기의 공항인지 확인할 겨를이 없었던 것이다. 미국 행정부 혹은 공항의 정책 때문이었겠지만, 어찌됐든 나는 지금까지도 LA공항을 매우 불쾌하고 낙후된 공항으로 생각하고 있다. LA공항의 정책은 나의 즐거운 여행을 조금이라도 돕기는커녕 방해하기만 했던 것이다.

컨설팅을 하던 당시 〈CNN 트래블〉에서는 세계인이 가장 싫

어하는 공항 10위를 발표했다.* 일일이 언급할 수는 없지만, 여행객들이 공통적으로 언급하는 불편은 '택시 등 대중 교통 및 출입국 심사에서의 긴 대기줄Long Waiting', '이륙 지연' 등이었다. 따지고 보니 모두 '시간'과 관련된 것들이었다. 사람들은 자신이 필요하다고 느끼는 행위에 대해서는 시간이 얼마가 소요되건 불만을 제기하지 않는다. 하지만 조금이라도 불편하고 불필요하다고 생각되는 것들이 있다면 조금의 시간도 아까워한다. 탑승 수속을 밟기 위해 긴 대기줄에 서야 하거나, 트렁크를 모조리 열어 검색을 받아야 한다거나, 불필요한 오해를 받아 출입국 심사대에서 오래 머무르는 것, 수하물이 바로 나오지 않아 오래 기다려야 한다거나, 공항을 떠날 때의 버스나 택시의 대기줄이 너무 길면 그때부터 즐거운 기분을 망치게 되는 것이다.

———

＊ Jordan Rane, '10 of the world's most hated airports', <CNN Travel>, 9 Nov. 2011

결과적으로 보면 전 세계 여행객들은 즐거운 여행을 방해하는 불필요해 보이는 시간들을 가장 싫어한다는 것이다How they feel.

3. A (Actual Solution, 실질적 해결 방안)
인천공항은 무엇을 해야 하는가?

문제가 명확해졌다. 즐거운 여행 경험을 돕기 위해 여행객들이 원하는 '여행 경험'에 조금이라도 불필요한 요소들을 제거하는 것. 전 세계 많은 여행객들이 그 불필요한 요소를 '불필요한 시간 낭비'로 손꼽았다는 것 역시 살펴봤다.

　문제가 명확하니 답도 명확해진다. 여행객들에게 불필요한 시간 낭비를 하지 않게 하는 것이다. 출입국 심사 시간을 단축시키고, 공항을 떠나는 입국자들에게 원하는 목적지로 빨리 이동할 수 있도록 대중교통 시스템을 잘 정비하고, 고객의 요청시 상세한 길 안내 서비스까지 제공해준다. 여행객이 시간을 낭비하지 않도록 수하물도 제 시간에 비행기로 운반하고, 되찾을 수 있도록 수하물 처리 시스템도 더욱 정교하게 만들어야 한다.

인천공항을 살펴봤다. 공항은 이미 출국 18분, 입국 14분이라는 전 세계 신기록을 보유하고 있었다. 국제민간항공기구인 ICAO에서 권고하고 있는 기준은 출국 60분, 입국 45분이었다. 공항은 기본적으로 '나들목'으로서의 기능만 잘하면 된다. 그런 맥락에서 보자면, 출입국에 소요되는 시간은 나들목이라는 기능에 얼마나 충실한지를 볼 수 있는 주요 지표다. 그런 이유에서인지 업계에서는 출입국 소요 시간을 공항의 선진화를 나타내는 중요한 척도로 상정하고 있다.

아, 이게 바로 전 세계 공항 서비스 평가 1위의 핵심 비결이었겠구나! 인천공항은 공항 내에서 여행객들에게 최대한 많은 여유 시간을 제공하기 위해 모든 시스템을 효율화했다. 그 덕분에 불편 및 불만 사항을 최소화하면서 그들의 '즐거운 여행'을 조용히 지원하고 있었던 것이다.

4. T (Thrilling Concept, 전율을 일으킬 컨셉)
'인천공항다움'은 무엇인가?

다양하고 품격 있는, 그러면서도 미소를 잃지 않는 그런 서비스를 아무리 많이 만들고 편의 시설을 구축한다고 하더라도 공항 내에서 그런 것들을 경험하고 즐길 시간이 허락되지 않는다면, 서비스 자체를 저평가하거나 제대로 평가하기 어려울 것이다. 출입국 절차와 관련된 시간이 혁신적으로 단축되면, 당연히 비행기를 탈 때까지의 시간이 늘게 된다. 그 결과 여행객들은 그 시간 동안 다양한 볼거리를 경험하고 면세점에서 쇼핑을 할 수 있게 된다.

$$1. \text{ 즐길 수 있는 시간} \propto \frac{1}{\text{출입국 관련 소요 시간}}$$

2. 출입국 간소화를 통한 쇼핑시간 증대
   → 1인당 면세점 매출액 가장 높은 공항

　출입국 시간 단축은 자연스레 면세점 매출액을 증대시킨다. 컨설팅을 하던 당시, 인천공항은 전 세계 공항 중 1인당 면세점 매출액이 가장 높은 공항이었다. 공항의 가장 기본적이고 본질적인 기능인 '나들목'의 역할을 제대로 수행한 덕분이었다.

　출입국 절차 소요 시간이 증가하면, 여행객들은 비행기를 타러 갈 시간이 점점 다가온다는 다급함과 촉박한 마음을 느끼게 된다. 최단거리 이동을 통해 비행기를 타야 하는데, 그 반대가 될수록 공항 내에 준비돼 있는 다양한 문화 체험과 볼거리, 쇼핑, 서비스 접점을 경험할 수 있는 시간이 대폭 축소될 수밖에 없다. 서비스를 통해 정서적 유대감을 느낄 절대적 시간이 부족한 것이다.

하지만 출입국 절차에 소요되는 시간이 줄어들면, 출국과 입국 심사에서 머무르는 시간이 줄어들 것이고, 비행기를 타기 전까지의 시간이 늘어나 여행객 동선에 여유가 생긴다. 동선의 여유는 다양한 서비스 경험을 가능케 하는 본질적인 조건이다.

인천공항은 여행객의 '머무름'과 '움직임', 즉 '여행객의 동선을 효율화'했기 때문에 What to do, 여행객들이 다양한 문화, 쇼핑, 서비스 등을 충분히 경험할 수 있었고, 이를 통해 여행객들의 만족도가 올라갈 수밖에 없었던 것이다. 인천공항은 머무름과 움직임을 잘 디자인한, '여행객 동선 디자인 Why we are'을 존재 이유로 갖게 된다. LA공항처럼 많은 공항들이 놓치고 있는 부분 가운데 하나다. 관문의 본질은 빠르고 정확하게 심사하여 여행객의 불편함을 최소화시키는 것이다. 그래야 여행객 동선의 효과적인 디자인이 가능해진다.

머무름과 움직임의 철학

여행객의 동선은 크게 '머무름'과 '움직임'이라는 두 가지 핵심 요소를 중심으로 재구조화된다. 그리고 머무름Stay At이 '정靜'이라면, 움직임Move To은 '동動'이다. 사유는 정적이고, 행위는 동적이다. 고요함과 분주함, 수동성과 능동성은 모두 머무름과 움직임의 철학을 각각 가지고 있다. 나는 머무름과 움직임 사이에 다양한 양태로 발생되는 '동선의 여유'를 인천공항의 서비스 프레임으로 정리했다.

머무름, 향함. 인천공항은 무엇에 머무르고, 무엇을 향하는 것일까? '고객의 즐거운 여행을 지원'하기 위해 최적의 '여행객 동선 디자인'을 업으로 삼는, 인천공항은 무엇에 머무르고, 무엇을 향하는 것일까?

관점을 정비해야 했다. 시스템으로 가능한 일들은 전 세계 어디서나 모방할 수 있다. 그리고 동일한 결과를 만들 수 있다.

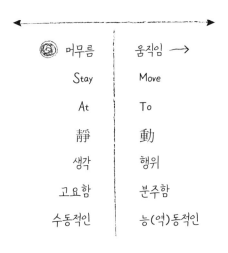

머무름	움직임 →
Stay	Move
At	To
靜	動
생각	행위
고요함	분주함
수동적인	능(역)동적인

하지만 '무언가 다른' 정성적 차원의 차별성은 결코 시스템으로 만들어지지 않는다. 시스템이 아니라면? 답은 '사람'이다. 최고의 명품 서비스를 제공하기 위한 본질적인 조건은 언제나 사람이었고, 그 사람이 가진 철학이었다. 전문가들의 연구 결과에 따르면, 68퍼센트의 고객은 해당 직원의 불성실한 태도에

직원의 업무 태도가 기업과 브랜드에 미치는 영향

68%

고객의 68퍼센트는
직원의 형편없는
태도에 실망해서
그 '기업을 등진다'.

41%

41퍼센트의 고객은
직원의 훌륭한 태도에 반해
해당 기업에 '충성도'를
보인다.

70%

고객들의 브랜드 경험이나
인식을 형성하는
70퍼센트는
'사람'이다.

출처: Alan Brew, <Building brands from the inside out>, WKF, 2010

실망해서 그 기업을 등지고, 41퍼센트의 고객들은 직원이 훌륭한 태도를 보이기 때문에 해당 기업의 충성 고객이 된다. 또 다른 연구 결과에 따르면, 고객들의 브랜드 경험이나 인식을 형성하는 70퍼센트는 '사람'이라고 한다. 아무리 열악한 환경에서도 미소를 선사할 수 있는 '사람'의 힘.

문제의 실마리를 사람으로 돌려놓고 보니, 인천공항이 어디에 머무르고 어디를 향하는지 알기 위해서는, 함께 일하는 사람들이 어떤 사람들이고, 서로 어떻게 협업을 하는지 살펴야만 했다. 당시 인천공항을 무대로 일하는 사람들은 대략 3만 5,000명에 달했다. 이들이 소속된 기관이나 회사의 숫자만 합쳐도 570개나 됐다. 수년째 전 세계 서비스 평가 1위를 할 수 있는 배경에는, 그 많은 사람들과 기관, 회사들이 공동의 가치를 지킬 수 있는 어떠한 철학 혹은 장치가 있을 거란 생각이 들었다.

인천공항에 대한 스터디를 진행하면서 동료들이 발견한 것이 있었다.

'인천공항서비스개선위원회'

위원회는 2003년 12월에 설치됐다. 내가 컨설팅을 할 당시가 2011년이었고, 그때가 ASQ 6년 연속 1위였으니, 처음 1위

를 했던 시점은 2005년이었다. '서비스개선위원회'의 설치와
ASQ 1위와의 상관성을 검토해 볼 필요가 있었다.

> "실험실의 말을 들어라, 사무실 말고Listen to the lab coats, not the suits."
>
> –《구글은 어떻게 일하는가How Google Works》中

머무름과 움직임을 디자인한 서비스개선위원회

현장감이 없는 책상의 소리와 문서보다는, 혁신의 현장에서 바
로 바로 만들어내는 혁신의 프로토타입을 더 중시하라는 이야
기다. 구글이야 IT 업체이니까 '연구실lab'이라고 표현했을 테
지만, 이는 일반적으로 '현장' 혹은 현장과 근접한 영역으로 보
면 된다.

직접 서비스를 운영하지 않는 관료의 '책상'에서는 혁신의
프로토타입이 나오기 어렵다. 인천공항이 출범되고 나서 한동

안은 인천국제공항공사가 주도적으로 서비스를 혁신하거나 자율적인 운영을 하기 어려운 구조였다. 인천국제공항공사는 서비스를 운영하고 기획하는 주체임에도 그간 정부 각 처의 지시와 규제로 여행객을 만족시킬 수 있는 제대로 된 서비스 혁신을 실천할 수 없었다. 하지만 이러한 상황은 당시 노무현 대통령이 인천국제공항공사장을 위원장으로 하는 '서비스개선위원회' 설치를 구두 지시하는 것에서부터 변하기 시작했다.

서비스개선위원회는 경찰, 검찰, 면세점, 문화체육관광부, 법무부, 농림수산부, 운송 회사, 보안 업체, 검역소, 관세청, 서울지방항공청, 3군▦, 외교통상부, 상업 시설 등 공항 서비스 운영 및 유지에 관계된 주요 이해관계자가 참여하는, 인천국제공항공사 중심 기구로 발족했다. 서비스개선위원회를 통해 만들어진 성과는 적지 않았다.

승객예고시스템 도입, 출입국 시간 단축, 고객위원회 운영을 통한 서비스 개선, 대중교통 시스템 개선 및 네트워킹 강화, BHS<small>Baggage Handling System</small> 혁신을 통한 수하물 처리 속도 및 정확성 향상, 면세점 공동 포지셔닝 브랜드 구축 등 일일이 열거하기가 힘들 정도로 의미 있는 성과를 만들어냈다. 그리고 이러한 성과가 가능했던 것은 서비스개선위원회에 참여한 이해관계자들 간의 경쟁적인 노력 때문이었겠지만, 우리가 주목했던 것은 '성과공유제'와 '인센티브&페널티'였다. 목표를 초과하는 성과가 달성되면, 그 모든 성과를 공유하는 제도를 만들었고, 각 분야별로 인센티브를 제공하는 운영 방식을 취했다. 그리고 분야별 목표에 도달하지 못할 경우, 해당 기관이나 기업은 페널티를 받게 된다. 이 두 가지 제도는 서비스 혁신에 대한 강한 동기부여를 제공했다고 본다. 우리는 이 모든 것들을 가능케 한 서비스개선위원회의 '스마트 콜라보레이션'을 ASQ 평가 1위의 비결이라고 분석했다.

질문을 다시 던져보자. '고객의 즐거운 여행을 지원'하기 위해, 최적의 '여행객 동선 디자인'을 위해, 인천공항은 무엇에 머무르고, 무엇을 향하는 것일까? 여행객들의 불편 사항을 끊임없이 개선하려는 고객지향적 태도, 초과 성과에 대한 공유, 각자의 이해관계를 넘어 하나의 비전을 향해 협력하는 스마트 콜라보레이션…. 인천공항은 내부 고객서비스 운영을 위한 이해관계자 일체과 외부 고객공항 서비스를 이용하는 여행객 모두를 세심하게 신경 쓰며 업을 전개해갔다. 우리는 이러한 맥락에서 인천공항의 '머무름'은 '타자에 머무르는 태도'로서 '배려'의 마음으로 연결되고, '움직임'은 '타자를 향한 마음'이며 '감동'의 마음으로 승화된 것으로 파악했다.

"이게 뭘까? 뭐라고 정의할 수 있을까?"

"상대를 배려하고 먼저 헤아리는 태도 아닐까요?"

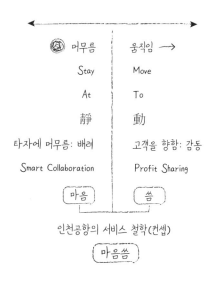

머무름　움직임 →
Stay　Move
At　To
靜　動
타자에 머무름: 배려　고객을 향함: 감동
Smart Collaboration　Profit Sharing
마음　씀

인천공항의 서비스 철학(컨셉)
마음씀

　컨셉 워드는 내부 구성원들이 쉽게 이해할 수 있는 표현이면서 가급적이면 차별적인 표현이 좋다. 하지만 지나친 차별화를 위해 언어 유희를 지속하면 본질적 사유를 놓치게 될 때가 많다. 차별적 컨셉은 말장난이 아니다! 우리는 인천공항 서비스의 본질을 훼손시키지 않기 위해서 가급적이면 겉멋을 부리지 않는 담백한 개념을 만드는 것이 낫겠다고 판단했다.

　수차례의 아이데이션Ideation : 브레인스토밍 등 아이디어 회의 끝에 우리는 인천공항의 '뭔가 다른 지점', 뭔가 다른 서비스 철학을 '마음씀'이라고 정의했다. '마음'은 머무르는 속성을, '씀'은 무언가를 향해 움직이는 의미를 담고 있다. 해외 관계자들에게 교육이 필요할 경우를 대비해 영어 표현도 필요했다. 번역어가 아쉬웠지만, 우린 'Thoughtfulness 사려깊음—마음씀'라는 단어가 적합할 거라 결론지었다. 'Incheon Airport, powered by thoughtfulness'라고 쓰고 설명한다면 충분히 그 진의가 전달될 수 있을 것이라 생각했다. 나는 '마음씀'이야말로 인천공항 서비스 정신의 본질이라고 생각한다.

아시아권 어느 민담과 설화를 찾아보더라도 다른 나라에는 없고 우리나라에만 있는 설화가 있다. '장화왕후' 설화다. 장화왕후는 왕건의 두 번째 아내다. 왕건이 고려를 창업하기 위해서는 다양한 호족 세력들의 규합이 필요했고, 호족들의 영토와 자산을 M&A하기 위해서는 결혼을 해야만 했다. 그런 탓에 왕건의 아내들은 무려 29명이나 되었다. 장화왕후는 청년 왕건이 지나가는 길목에서 물을 준비하고 있었다. 때마침 지나가던 왕건이 물을 요청하자, 물을 뜬 바가지에 나뭇잎 한 장을 띄워 주었다. 청년 왕건이 묻는다.

"나뭇잎은 무엇입니까?"

"물이라도 체하실까 염려되니 천천히 드시라는 의미로 넣었습니다."

한국 사람들은 거의 다 아는 이야기다. 이 지혜로운 여인의 행동에서 우리는 완벽한 서비스 정신을 읽어낼 수 있다. 바로 '마음씀'이다. 이 이야기가 우리나라에만 있다는 것이 놀랍지 않은가? 장화왕후의 마음씀은 인천공항의 마음씀과 다르지 않다. 그것은 타자의 입장에 '머물고', 타자의 만족을 위해 '움직이는' 정신이다. '마음씀'은 인천공항이 제공하는 모든 서비스의 철학이자, 본질적 컨셉인 것이다.

'마음씀'을 어떻게 교육할 것인가?

한 가지 숙제가 더 남았다. 이 컨셉을 내부 구성원들이 쉽게 공유할 수 있도록 상징 체계를 만드는 작업이다. 바로 브랜드를 만드는 일이다. 내·외부 공항업 관계자들에게도 교육할 수 있는 철학의 매개체로서 활용할 필요가 있었다. '마음씀'이라는 보이지 않는 철학을 보이는 브랜드로 기획해야 한다. 브랜딩 Branding은 보이지 않는unseen 철학을 만드는 작업과, 그 철학을 드러내는 시그널 생산 작업see the unseen 모두를 포함한다.

내·외부 고객들이 쉽게 이해할 수 있도록 하는 브랜드 네임과 디자인. '마음씀'의 철학과 스토리를 연상할 수 있게 도와주

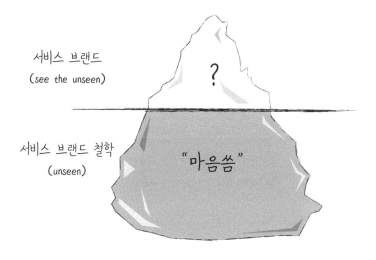

서비스 브랜드
(see the unseen)

서비스 브랜드 철학
(unseen)

?

"마음씀"

는 연결고리. 브랜드 네임과 디자인을 기획하기 위해 우리는 '마음씀'을 보다 쉬운 고객 언어로 상징화할 필요가 있었다. '마음씀'이 목표로 하는 것은 결국 '고객의 즐거운 경험을 최대로 끌어올리기 위해, 고객의 기대치를 넘어서는 것'이 아닐까? 동료들 모두 고개를 끄덕인 '마음씀'의 목표이자 정의는 다음과 같다.

"for your experience,
beyond your expectation"

우리는 이 문장에서 반복되는 'y'와 'e'라는 알파벳을 추출하여 'ye'라는 네임을 만들었다. 한 동료가 즉석으로 저고리 모티브의 스케치를 선보였고, 이후 디자인까지 일사천리로 진행됐다.

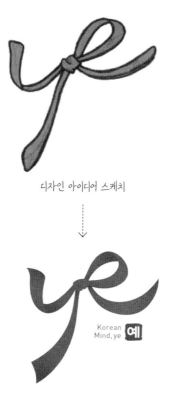

디자인 아이디어 스케치

최종 디자인

"for your experience,

beyond your expectation"

⇩

"ye"

'Korean Mind'라는 태그라인과 함께 디자인된 'ye예'는 문화
와 예술의 깊이를 알고 실천하는 문예의 '예藝'이며, 고객과 동
료에게 모범을 보이는 본보기의 '예例'이기도 하며, 고객이 말
하기 전에 미리 그 원하는 바를 파악하는 미리 '예豫'이기도 하
다. 바른 몸가짐과 미소를 잃지 않는 매너의 '예禮'도 포함하는
의미다. 전 세계 여행객들에게는 환희의 기쁨을 주는 'Yeah~'
이기도 하다.

다양한 맥락과 대상에 따라 행동 규범에 적용될 수 있는 적
절한 가치를 제공하는 'ye예'. 그리고 그것의 철학적 본질을 규

정짓는 '마음씀'. 이것은 어쩌면 2016년 현재, 전 세계 공항 서비스 평가 연속 11년 1위에 빛나고 있는 인천국제공항공사의 서비스를 가장 본질적으로 설명하는 적합한 컨셉이었을지 모른다. 모든 서비스 산업에 종사하는 기업들이 인천공항이 실천하고 있는 '마음씀'의 정신을 제대로 배우고 실천한다면, 고객 만족을 넘어 고객 감동의 지점을 실현할 수 있지 않을까?

BEAT.
인천공항 서비스 브랜드 컨셉 도출

Business Definition 업의 본질 정의	Who they are? 인천공항의 고객은 어떤 사람들인가?	전 세계 여행객
	Who we are? 인천공항은 무엇을 하는 곳인가?	'즐겁고 행복한 여행' 지원 파트너
Experiential Problem 고객 경험상 문제점	How they feel? 고객들은 어떤 문제에 봉착해 있는가?	교통, 쇼핑 등 서비스 경험 시간 부족
Actual Solution 실질적 해결 방안	What to do? 인천공항은 무엇을 해야 하는가?	여행객 동선을 효율화 (예: 출입국 소요 시간 단축)
Thrilling Concept 전율을 일으킬 컨셉	Why we are? '인천공항다움'은 무엇인가?	공항업=여행객 동선 디자인 서비스 컨셉 : 마음씀 내재화 브랜드: 예 (Ye)

4 / 생명보험의 본질

: '보험 = 필요악, 이라는 인식을 넘어서라.

TV CF. 가수 박정현이 한 남자에게 노래 레슨을 하고 있다. 이어 그 남자는 자기 딸의 결혼식에서 축가를 부른다. 삼성생명의 광고였다. 삼성생명의 로고와 '보험은 사랑입니다'라는 카피, 그리고 '사람, 사랑'이라는 로고가 눈에 들어온다. 아버지가 딸의 결혼식에서 축가를 부른다는 기대치 못했던 '특별한 상황'을 기획했다. 기획이 나쁘다고 할 수는 없지만, 그 스토리가 '생명보험'이라는 카테고리, 그리고 '사람, 사랑'이라는 메시지와 어떻게 부합하는 것인지 알 수가 없었다.

'사람, 사랑'

대학 시절 자주 듣던 단어였다. 많지는 않지만, 가끔 화염병도 만들며 시위에 참여하고, 사수대로 나선 적도 있었는데 그 시절 듣던 단어였다. 주사파로 잘 알려진 NLNational Liberalism, 민족 해방전선 계열의 운동'꾼'이 사용하던 슬로건이었다. '사람, 사랑'. 그래서 삼성생명의 '사람, 사랑'을 처음 들었을 때 개인적으로는 낯선 느낌을 받을 수밖에 없었다. 삼성생명만의 '사람, 사랑'이 무슨 의미이고, 그래서 삼성생명이 무엇을 어떻게 실천해나갈 것인지에 대한 구체적 행위가 보이지 않았기 때문이었는지도 모른다.

그 즈음이었다. 나를 비롯해 몇몇 컨설턴트들이 소집됐다. 우리는 삼성생명의 '사람, 사랑'을 제대로 정의하고, 그에 기반해 스토리텔링을 해야 했다. 그리고 스토리 라인을 고객이 경험하고 느낄 수 있도록 마케팅 프로그램을 만드는 것이 우리의 미션이었다.

결론부터 말하자면, 우리가 기획하고 제안했던 '본질'은 받아들여지지 않았다. 대부분의 기업 발주 용역이 그렇듯 에이전시는 초기 기획을 끝까지 고집하기 어려운 상황이 오기도 한다. 최종 확정된 사항들은 본질보다는 부수적인 컨텐츠들이었다고 기억한다. 어찌 보면 컨설팅 결과물이 온전히 긍정적으로 받아들여지지 않았으므로 에이전시 입장에서는 성공하지 못한 컨설팅으로 평가하는 게 맞다.

　다만 우리가 제공했던 아이디어와 이후 삼성생명이 자체적으로 전개했던 캠페인의 유사성을 볼 때 어느 정도 큰 방향에서의 철학은 이어진 것이 아닌가 생각한다. 그리고 삼성생명뿐 아니라, '보험'이라는 카테고리에 속해 있는 많은 기업들에게 생각해볼 만한 화두를 던지고 싶었다. 내가 진행했던 수많은 프로젝트 가운데 이 프로젝트를 기록하는 이유다.

10억을 받았습니다

주부로 추정되는 한 여성이 덤덤하지만 밝은 표정으로 세차를 하고 있다. 이따금 하늘도 쳐다본다. 중간중간에 아이가 뛰어논다. 그리고 멀리서 정장을 입은 한 남성이 다가온다. 내레이션이 흐른다.

○○○○생명은 남편이 갑작스럽게 세상을 떠난 한 가족에게 10억 원의 보험금을 지급했다는 실화를 광고 소재로 활용했다.

"10억을 받았습니다.

아무 말도 하지 않았습니다.

그저 남편과의 약속을 지키는 거라면서,

하나부터 열까지 도와주었습니다.

이것 또한 약속이라고 했습니다.

남편의 라이프 플래너였던 이 사람,

이젠 우리 가족의 라이프 플래너입니다.

변하지 않는 푸른 약속 ○○○○ 생명"

2006년 어느 외국계 보험사의 광고다. 남편이 갑작스럽게 세상을 떠난 한 가족에게 10억 원의 보험금을 지급했다는 실화를 광고 소재로 활용한 것이라 한다. 1회 보험료만 내고 심근경색으로 사망한 유 모 씨. 보험 청약서가 보험사 본사에 도착하기도 전에 사망한 경우인데도, 사상 최대 규모의 보험금 지급을 진행했던 이례적 사건인데다 나름대로 자사의 사회적 신용을 보여줄 수 있어 화제가 될 것이라 판단한 듯하다. 내부에서 마케팅을 하다 보면, 그럴 수도 있을 거란 짐작이 간다. 하지만 스토리가 전개되는 방식은 여론의 공격을 받기에 충분했다. 이 광고를 집행한 담당자와 임원들은 전혀 예상하지 못했을까? 광고에 대한 부정적 파장은 대단했다. 당시 네티즌들의 반응이다.

"대한민국 건국 이래 최악의 광고"

"남편의 존재가 10억으로 치환되었다."

"남편의 빈자리를 어디서도 찾아볼 수 없었다."

"가족의 존재감이나 사랑을 가치 절하했다."

"혼자 남은 아내의 집에 보험사 남자 직원이 방문하는데, 표정이나 분위기가 내연 관계처럼 오해 받기 좋다."

(출처: 나무위키, 유튜브 등)

결국 이 광고는 대한은퇴자협회 KARP에서 '최악의 광고'에 수여하는 '어글리 클럽Ugly Club'에 선정됐고, 유명 만화가들의 패러디도 잇따랐다. 보험 사기가 기승을 부리던 시절에 나온 광고라 네티즌들은 '보험 사기로 10억을 받을 수 있는 법'에 대한 농이 섞인 연구도 해보겠다는 식의 글도 나왔다. 이 광고를 기획, 집행했던 광고 대행사는 폐업 신고를 한 듯하다. 그 이름을 찾아볼 수가 없으니….

왜 이런 일이 일어난 걸까? 보험이라 하면 사람들은 '보험금'만을 떠올리기 때문이 아니었을까? 오직 보험의 가치는 '돈의 액수'로 결정되고, 가족의 존재감이나 사랑이 '돈'으로 환치될 수 있다는 경박한 믿음이 자리 잡고 있기 때문이다. 보험사 입장에 '고객의 사랑'은 고객이 납부하는 '보험료'이고, 그것에 보답하는 '보험사의 사랑'은 사건이나 질병, 사고 발생 시 지급되는 '보험 지급금'인 것이다. 얼마나 간단한 계산법인가! 사람의

출처: 와탕카

출처: 이말년 시리즈

존재 가치와 사랑이라는 인륜적 가치를 돈으로 환치했으니. 내 가족을 위해 보험료를 적게 내는 사람은 '가족을 사랑하지 않는 사람'이 돼 버리고, 보험료를 아까워하는 가장은 부모로서 자격이 없는 몰염치한 인간이 돼 버린다. 그러고 보니 남편의 부재를 10억 원으로 메워줬다고 자부하던 그 회사의 공식적 스토리텔링이 씁쓸하지만 이해가 된다. 보험사들의 철학을 놓고 보자면, 어쩌면 그 회사만 탓할 수 없는 일인지도 모르겠다. 사람과 사랑을 돈으로 계산하는 태도. 그런 자세가 이러한 씁쓸한 광고를 만들었고, 극성하는 보험 사기를 만들어내는 원인이 아니었을까?

업계 1위로서 삼성생명은 달라야 한다는 게 우리 생각이었다. 업계를 이끌어가는 브랜드 리더십을 강력히 구축하기 위해서는 본질적인 접근이 필요했다. BEAT에 따라 컨셉 개발을 위한 검토 사항을 다시 한 번 정리해보자.

1. B (Business Definition, 업의 본질 정의)

- Who they are ?: 삼성생명의 고객은 누구인가?

- Who we are ?: 삼성생명의 업을 뭐라고 정의해야 하는가?

2. E (Experiential Problem, 고객 경험상 문제점)

- How they feel? : 사람들은 보험을 생각하면 무엇을 불편하게 느끼는가?

3. A (Actual Solution, 실질적 해결 방안)

- What to do?: 삼성생명은 무엇을 해야 하는가?

4. T (Thrilling Concept, 전율을 일으킬 컨셉)

- Why we are? : '사람, 사랑'은 어떻게 재정의 되는가?

삼성생명은 '사람, 사랑'을
어떻게 실천해야 하나?

1. B (Business Definition, 업의 본질 정의)
보험의 진정한 의미

보험Insurance의 의미를 살펴보자. 위키피디아에는 다음과 같이
설명돼 있다. "보험은 자금 손실로부터 보호하는 하나의 수단
이다Insurance is a means of protection from financial loss." 보험은 그저 금융적
차원에서 경제적 손실을 막아줄 수 있는 보호장치라는 것이다.
부정할 수 없는, 군더더기 없는 정의이지만, 생명보험의 영역
에 적용해 생각해보면, 사람의 생명을 '자금finance'으로 간주하
는 불편한 사고방식을 엿볼 수 있다. 보험업에 대한 시스템적
정의보다 좀 더 인문학적인 관점이 필요했다. 왜냐하면 그냥
보험도 아니고 '생명보험'이기 때문이다.

   'Insurance'는 보험保險으로 번역된다. 지킬 보保, 험할 험險.
'험한 것으로부터 지켜준다'는 의미다. 그렇다면 생명보험은

무엇인가? 우리가 숨 쉬고 살아가고 활동할 수 있는 힘이 생명生命이라면, 생명보험은 우리가 생을 영위하는 데 있어, 힘이 부치는 상황, 즉 인생을 영위하면서 맞닥뜨릴 수 있는 장애 요인으로부터 사람을 지켜주는 것이다.

생生의 장애를 '돈'으로만 보는 영어식 정의를 버리고, 보다 포괄적인 '험險'의 관점으로 해석해 보기로 했다. 그 결과 '생명보험은 살면서 경험할 수 있는 험한 상황으로부터 지켜주는 것'이라는 정의를 얻을 수 있었다Who we are. 이러한 생명보험이 목표로 하는 대상 고객은 자연스레 '걱정과 불안감을 가지고 살아가는 모든 사람들'로 정의된다Who they are.

2. E (Experiential Problem, 고객 경험상 문제점)
사람들은 보험을 생각하면 무엇을 불편해 하는가?

동료들과 보험에 처음 가입할 때의 경험, 그리고 해약할 때의 경험을 자유롭게 이야기했다.

> "엄마가 가입하라고 해서 했는데, 월급이 들어오면 보험료로 절반이 나가서 골치 아파."
> "해약하려고 하는데 손해가 막심해서 머뭇거리고 있어요."
> "보험 다이어트를 할까 생각 중이에요."

주변의 경험담을 수집하고 우리들의 경험을 서로 나누면서 얻은 결론은 대부분의 사람들이 보험을 이중적 태도로 대한다는 것이었다.

불안한 생애를 대비하기 위해 가입해야 하는데, 매달 보험료를 내자니 돈이 너무 아깝다, 그래서 경제적으로 어려울 때는 아깝게 납입했던 보험료에 대한 손해를 감수하고서라도 보험을 해지하기도 한다, 때에 따라서 돌아오는 환급금은 5퍼센트 밖에 되지 않을 때도 있다. 모두가 공감하는 이야기들이다.

"나중에 보장 내역에 해당되지 않으면 어떡하지?"

"돈만 계속 붓고 혜택을 못 받으면 어떡하지?"

"차라리 열심히 저축하는 게 낫지 않을까?"

이런 불편한 생각을 하면서도 보험에 가입을 하는 건 순전히 나와 가족의 신변에 대한 '두려움'과 '불안함' 때문이다. 마지못해 가입하게 되는 보험은 그들에게 이미 '필요악'이 됐다.

'암에 걸리면 어떡하지?'

'심근경색이라도 걸리면…'

'뇌졸중은 또 어떻고…'

우리는 미래를 알 수 없다. 미래를 긍정적이고 낙관적으로 바라보는 사람들조차 자기 노후에 대한 안전장치들을 마련해 둔다. 미래를 두려워하는 사람들은 특히 더 그렇다. 그들이 필수적으로 준비해 두는 건 보험이라는 안전장치다. 그런 사람들의 인식을 이용하는 보험사들은 당연히 고객들에게 미래를 두려운 것으로 인식시켜야만 했다.

생명보험의 경우, 질병의 종류와 보장 내역만 바뀔 뿐이지 전달되는 메시지의 포맷은 거의 동일하다. 보험업에 계신 우리 어머니 말씀을 매일 들어봐도 똑같다. 생명보험사 메시지 포맷은 다음과 같다.

1) "당신도 암에 걸릴 수 있습니다."

–협박/위협 Threat : 병주고,

2) "암 보험으로 미리미리 대비하세요."

–해결 방안 제시Solution : 약주고,

(더 이상 보험에 가입하지 않겠다고 말하면 보험 설계사들이

도의적 차원에서 종종 하는 말들도 있다.)

3) "당신이 무책임하게 질병에 걸려 수천만 원의 병원비가 나

오게 됐을 때 보험 하나 가입되어 있지 않다면, 당신 가족을 무

슨 면목으로 볼 것인가."

–쐐기 박기Hammering Wedge : 질책하고,

　사람들은 이러저러한 이유로 보험에 가입한다. 그리고 나

에게도 몰래 부모님이 가입해 놓은 보험들이 있다. 그리고 수

십만 원, 많게는 백만 원 단위로 합산 지출되는 보험료들의 보

장 내역도, 보험의 이름도, 납입 기간도 잘 알지 못한다. 그저

월급이 들어오면 일주일 사이에 후루룩 빠져나갈 뿐이다. 그러면 그럴수록 보장 혜택을 받고 싶은 마음은 간절해진다. 하지만 혜택을 받으려면 보장 내역에 해당하는 사항에 한해서만 아파야 하고, 몹쓸 질병에 걸려야 하고, 불의의 사고를 당해야 한다. 내가 불입한 돈을 되돌려 받으려면, 더 많이 되돌려 받으려면, 내 몸을 담보로 내놓아야 한다는 발상에 이르기까지 한다. 무언가 석연치 않다.

"내가 죽거나 다치거나 아프거나 하지 않으면, 돈을 못 돌려받는 거잖아!"

"그런데 내가 암에 걸릴 수도 있지만, 어쩌면 안 걸릴 수도 있잖아. 안 걸리면 돈 날리는 거고, 걸리더라도 차라리 보험료 낼 돈을 저축해서 병원비를 모으는 게 낫지 않을까?"

'보험=필요악'이라는 인식. 사람들의 두려움과 불안감을 달래기 위해 발명된 상품이 사람의 목숨을 해하는 보험 사기를 야기할 수도 있다는 불편한 진실How they feel.

3. A (Actual Solution, 실질적 해결 방안)
삼성생명은 무엇을 해야 하는가?

'보험=필요악'이라는 인식과 그로부터 파생되는 '보험 사기'와 같은 사회적 문제점들. 여전히 남게 되는 두려움과 불안감. 현실은 그랬다. 이런 현실 속에서 삼성생명이 '사람, 사랑'을 이야기한 건 매우 고무적인 일이었다. 돈에 대한 집착에서 벗어나 '사람'을 사랑할 수 있는 '생명보험'의 근본으로 돌아가자는 주장으로 보였으니까.

다만 이것이 경험할 수 있는 무언가로 구체화되지 않으면 대부분의 사람들은 그 진의를 받아들이지 못하고 '보험료-보험금'의 프레임에서 벗어나지 못하게 될 것이다. 무언가 실체적 변화를 수반하지 않고 표면적 스토리만 전달하는 기존의 스토리텔링과 마케팅으로는 '보험=필요악'이라는 인식을 바꿀 수 없었다. '보험=필요악'이라는 인식을 제거하는 것에서부터 시작해야 '사람, 사랑'의 진정한 의미를 정립하고 스토리를 기획할 수 있다고 생각했다. 그러기 위해서는 '살면서 경험할 수 있는 험한 상황으로부터 지켜주는 것'이라는 보험의 '업의 본질'을 회복하고 실천해야만 한다.

당시 국내 주요 보험사들은 공통적으로 '꿈', '희망', '미래'와 같은 키워드를 중심으로 사람들에게 다가오지 않을 것 같은 미래를 전달하고 있었다. 그러한 낙관적 이미지를 보여주는 방식은 여러 가지였다. 편안한 가족의 미소, 행복한 가족의 모습을 보여주는 미장센, 특정 연예인의 미소, 이런 복합적 장치들을 통한 유토피아적 이미지.

유토피아utopia 는 '없는ou 장소topos'다. 비현실적이라는 말이다. 하지만 실제로 일어나지 않을 것 같은 일도 하나씩 실천하고 많은 고객들이 경험할 수 있게 해주면, 그것은 더 이상 유토피아가 아니라 현실이 돼 버린다. 고객들이 보험사들의 스토리텔링에 공감하지 못했던 것은 어떤 감동적인 일들이 '나한테는 일어나지 않을 것 같다'는 의구심 때문이며, 이는 보험사들이 보험료와 보험금으로만 고객들에게 다가갔지 진정 고객들이 경험하고 온몸으로 느낄 수 있는 감동적인 순간을 제공하지 않았기 때문은 아니었을까?

4. T (Thrilling Concept, 전율을 일으킬 컨셉)
'사람, 사랑'은 어떻게 재정의 되는가?

많은 생명보험사들은 '보험금 지급' 외에는 그것도 계약대로 다 받을 수 있을지 없을지 여부도 정확히 알 수 없는. 그런 불안감이 언제나 존재한다, 험한 상황으로부터 지켜주는 것이 없다고 믿는 듯하다. 일단 험한 상황이 발생돼야만 그 순간부터 보험이 작동되는 식이다. 그것도 오직 '돈'으로만. 다시 말하면 보험금을 받을 수 있는 최소한의 기본 전제는 나 혹은 가족이 다치거나, 죽거나, 병에 걸려야 한다는 것이다.

'필요악'이라는 말에는 당장 필요는 없는데 앞으로는 필요한 상황이 올 수도 있고 오지 않을 수도 있다는 불안감이 내포되어 있다. 그렇다면 필요악이 아닌 것으로 만들기 위해서는 1)반드시 내가 아프거나 다치게 된다는 것을 증명하거나, 2) 지금 당장 고객들의 삶에 보험이 필요한 역할을 하고 있다는 것을 증명하면 된다. 누군가에게 도움을 줬다는 이야기보다 나와 내 가족이 도움을 받을 수 있다는 관점으로 전환이 필요했다.

첫 번째 관점에서 고객이 반드시 병에 걸리거나 다칠 것을 증명하는 건 불가능하다. 그렇다면 우리의 선택은 두 번째가 될 수밖에. 보험사는 고객에게 당장 도움을 줄 수 있는 무엇이든 만들어야 한다. 단순한 이미지 광고나 인식의 조정이 아니라aware(인지)의 차원, 실질적으로 고객을 돕고 고객이 참여하고 경험할 수 있는engage(관계 맺기)의 차원 무브먼트를 만들어가야 한다.

그래서 우린 생각했다. 죽거나 아프거나 다치기 전에 고객을 미리 보살피는 생명보험사라면? 지금 당장 무언가 도움을 받을 수 있기 때문에 '보험=필요악'이라는 인식을 서서히 지워나갈 수 있지 않을까? 그리고 보험사에 대한 고질적인 불만도 서서히 잠재우고 브랜드 가치도 점차 높여갈 수 있지 않을까? 그림에서 보는 것과 마찬가지로 사람들은 미래의 특정 사건 이후가 아니라 지금 당장 보살핌 받기를 원한다.

사건이나 사태가 발생된 이후에 보험금으로만 지급하는 '사후事後' 보험이 아니라, 인생에 있어 생명을 위협하는 험난險難한 상황이 발생되기 전부터 무언가 실질적인 혜택을 제공하는 '사전事前' 보험What to do. 고객을 미리 보살피는 보험. 그것은 고객을 미리 헤아리는 '사전思前' 보험이 아닐까? '사전보험思前保險'은 고객의 건강과 생명을 미리미리 지키고, 다칠 수 있는 상황을 예방하여 질병과 사고, 사건을 방지하는 것을 목적으로 한다.

　　결국 삼성생명이 말하는 '사람, 사랑'은 '생명, 사랑'으로 정의할 수 있고, 생명에 해를 가할 수 있는 여러 험난한 사태로부터 미리 지켜주고 보호하자는, 업의 본질을 강화시키는 근본 철학인 셈이다. 이렇게 우리는 '사람, 사랑'의 본질적 컨셉을 '사전보험思前保險'이라고 정립했다Why we are.

　　이는 분명 일반적인 보험사들의 접근법과 다를 것이다. 일반적인 보험사들은 나와 내 가족이 '아프거나 다치면 보상해주겠다'며 '사랑하는 가족을 위해 보험을 미리 준비하라'고 말하기 때문이다.

　그러나 사전보험思前保險으로서의 '사람, 사랑'은 나와 가족이 '아프거나 다치지 않았으면 좋겠다'는 공통 인식에 기반한다. 가족 사랑, 생명 사랑을 평소에 미리미리 실천하는 적극적인 태도다.

　"길거리 모퉁이 뾰족한 부분 때문에 딸아이가 다치지는 않을
　까?"

　"골목길이 위험한데 밤길이 위험하진 않을까?"

　"날이 많이 쌀쌀한데, 몸살 감기로 병원에 입원하면 안 되
　는데…."

"해변에 놀러 갔는데 사고가 나지 않게 조심해야 할 텐데…."

고객들이 일반적으로 가질 수 있는 모든 걱정과 불안 요소들을 적극적으로 제거하려고 노력하는 것. '사람, 사랑'이 사전보험思前保險의 철학으로 고객의 걱정과 불안감을 달래고 해소할 수만 있다면, '보험=필요악'이라는 인식을 서서히 없애갈 수 있을 것이다.

이를 실천하기 위한 고객 경험 프로젝트로 우리는 '사람, 사랑' 공감 프로젝트를 기획했다. 생활 일반, 공공장소, 휴양지 등 크게 세 가지 영역으로 구분하여 '사람, 사랑'을 '건강 지킴이', '생명 지킴이' 차원에서 구체화하자는 기획이었다.

가볍게는, 비 오는 날 우산을 잊고 나온 고객들에게 우산을 나눠주는 것에서부터 지하철, 버스 등 공공장소에서 넘어지지 않게 안전 손잡이나 미끄럼 방지판을 만들어 주는 것, 휴양지에서 구명조끼를 나눠주고, 내 아이가 뛰어노는 놀이터에 갖가지 안전장치들을 마련해 주는 것 등 다양한 실천 프로그램들을 예시로 구성했다.

팀원들이 만든 아이디어 중 하나는 다리나 공공물에 생명을 지키고 보호할 수 있는 메시지를 기입해 사람들에게 생명의 소중함을 환기시키자는 취지의 프로그램도 있었다. 이후 삼성생명은 같은 그룹 계열의 광고대행사를 통해 '생명의 다리' 캠페인을 진행하기도 했다.

하지만 결과적으로 보면, 제안했던 '사람, 사랑 공감 프로그램'은 실천되지 않았다. 당장의 마케팅 효과나 단기 매출 진작에 도움이 되지 않을 것이라는 판단 때문이었는지도 모른다. 아니면 삼성생명은 이러한 접근법이 너무 이상적이라고 생각했을 수도 있다. 이해는 되지만, 여전히 내 생각은 달랐다.

사전보험思前保險을 실천해 온 취리히 보험사

사전보험思前保險의 핵심은 '평소에 고객들을 돌보라'는 것이다. 컨셉은 다르지만, 실제로 스위스 최대 보험사인 '취리히 보험사Zurich Insurance Group'는 '헬프포인트HelpPoint'를 설치하여 고객 및 일반 시민들에게 실질적인 도움과 편익을 제공하는 것으로 유명하다. 일상 생활에서 평소에 고객을 보살피기 때문에 고객 및 지역 사회로부터 긍정적 평가를 받는 것으로 유명한 보험사다.

헬프포인트는 2008년에 진행한 글로벌 브랜드 캠페인으로서 지금까지 지속되고 있는 상설 고객 케어 프로그램 가운데 하나다. 취리히 보험사는 헬프포인트를 통해 크고 작은 사건과 손실로부터 고객들을 보살펴 왔다.

2009년 여름, 우박을 동반한 폭풍으로 스위스 지역에 수천 대의 차량이 우박 피해를 입자, 126개의 상설 헬프포인트 외 14

개 헬프포인트를 추가로 설치해 우박 피해 차량을 가져오면 흠집을 제거해 주고, 그 사이 차량을 무료로 빌려주는 등 적극적인 고객 케어를 실시했다. 또한 미국에서는 취리히 헬프포인트 어드보킷 Zurich HelpPoint Advocate 을 론칭하여 긴급 상황에 어떻게 대응하고 행동해야 하는지에 대한 정보와 노하우를 평소에 제공해왔다. 가령 공장에 불이 나지 않게 보호하는 법이라든지, 토네이도로부터 집을 보호하는 법 등 고객들에게 실질적으로 필요한 대처 방안을 일상적으로 안내해왔던 것이다.

또한 비즈니스로 공항을 자주 이용하는 고객들을 위해 런던 히드로 공항에 '헬프포인트'를 설치해 인터넷, 휴대폰 충전, 인쇄 등 고객의 편의를 제공하기도 했다. 2010년에 강도 높은 지진이 칠레를 강타했을 때, 취리히 보험사는 24시간 안에 재난 구조팀을 보내 인명 구조 활동을 펼쳤으며 물, 필수품, 상비약 등을 제공하기도 했다. 헬프포인트를 통한 취리히 보험사의 고

히드로Heathrow 공항 내 헬프포인트

객 케어는 일반 소비자의 69퍼센트가 타 보험사보다 취리히 보험사에 더 만족한다는 성과를 거두기도 했다. 취리히 보험사의 사전보험思前保險. 지금 글을 읽는 당신에게는 현실과 동떨어진 이상적인 컨셉인가? 지극히 현실적인 컨셉인가?

순진한 생각인지는 모르겠으나, 취리히 보험사가 실천하고 있는 일들이 마냥 이상적이어서 다가서기 어려운 것으로 보이지는 않는다. '미리 헤아리고, 사건이나 사고가 발생하기 전에 미리 보살펴주는' 그런 보험. 가능하게 만들 수는 없을까? 유명인들을 광고에서 활용하는 집행 비용들을 아껴서 이런 실질적인 캠페인을 조금씩이라도 실천해 볼 수는 없을까? 처음엔 규모가 작더라도 말이다. Why not?

BEAT.

삼성생명 '사람, 사랑' 브랜드 컨셉 도출

Business Definition 업의 본질 정의	Who they are? 삼성생명의 고객은 누구인가?	걱정과 불안감을 가지고 살아가는 모든 사람들
	Who we are? 삼성생명의 업을 뭐라고 정의해야 하는가?	살면서 경험할 수 있는 (생명을 위협하는) 험한 상황으로부터 지켜주는 것
Experiential Problem 고객 경험상 문제점	How they feel? 사람들은 보험을 생각하면 무엇을 불편해 하는가?	보험=필요악
Actual Solution 실질적 해결 방안	What to do? 삼성생명은 무엇을 해야 하는가?	사전보험(事前保險) 질병 사고 발생 이전에 미리 보살핌
Thrilling Concept 전율을 일으킬 컨셉	Why we are? '사람, 사랑'은 어떻게 재정의 되는가?	사전보험(思前保險)

5 / 골프의 본질

∴ '플레이 디퍼런트 Play Different, 하라。

1998년 골프 선수 박세리의 '양말 사건'을 기억하는 사람들이 많다. 당시 박세리는 공이 해저드 근처로 떨어지자, 그 공을 치기 위해 양말을 벗고 연못에 들어갔다. 그때 박세리 선수의 다리와 발의 선명한 색깔 차이를 보고 많은 사람이 감동했다. 당시 박세리의 행동은 지금까지도 회자되고 있다. 그때 우리나라는 외환위기로 사회 전반적으로 주눅이 들어 있는 분위기였다. 일각에서는 박세리의 '맨발 투혼'으로 '다시 열심히 해보자'는, 용기를 얻는 분위기가 형성됐다고도 한다. 박세리의 '양말 사건'은 골프 하면 빼놓을 수 없는 대한민국 공동체의 기억 중 하나다.

하지만 '골프'라는 스포츠 카테고리가 지니고 있는 연상 이미지의 대부분은 상당 부분 비틀어져 있다. '여당 실세 골프 로비 의혹', '조합, 단란주점, 골프 로비 받은 KBS 이사회', 'OOO대 이사장 공짜 골프 로비', 'OOO대 총장 골프 로비', '골프장 관리 업체 로비 수사에 떨고 있는 OO 공직사회' 등과 같은 기사 제목이 적지않다. 그만큼 골프는 부정적인 이미지로 얼룩져 있다. 이처럼 골프는 오해를 많이 받는 스포츠다. 이권을 다투는 일이거나, 특정 게이트가 터질 때마다 골프 로비가 단골 메뉴처럼 등장했다. 일상을 살아가는 평범한 시민들에게 골프란 돈이 많이 드는 스포츠이자, 부자들만의 '호화 스포츠'인 탓이 크다. 실제로 필드에 나가는 비용은 적지 않다. '스포츠'라는 카테고리를 연상할 때 농구, 축구, 야구, 달리기, 테니스, 배드민턴 등을 떠올리는 대다수의 일반 시민들에게 필드 골프는 다가서기 힘든 영역임이 틀림없다.

2011년. 내 인생에서 골프라는 단어를 가장 많이 고민하게 된 해다.

'골프존'.

길고 긴 상담 과정과 경쟁 프리젠테이션까지 거쳐 가까스로 프로젝트를 수주했던 기억이 난다. 어렵기만 했던 골프 용어들을 배워가며 컨설팅에 착수했다.

당시 골프존이 겪고 있던 표면적 문제 가운데 하나는 업주 S/O: Site Owner들의 CI Corporate Identity 디자인 오·남용으로 인해 기

Tip- 기업 아이덴티티 Corporate Identity

브랜드 업계에서는 아이덴티티Identity를 '정체성'이 아니라 '목표 이미지'로 번역해왔다. 상대에게 '무엇으로 인지되길 원하는가'라는 다소 얄팍한 관점을 깔고 있다. 그래서 기업의 지향점을 표현하는 '기업의 목표 이미지'를 'Corporate Identity', 즉 'CI'라고 말한다. CI라는 개념을 디자인에만 국한해서 사용하는 사람들이 많다. 엄밀히 말해서 CI는 철학과 가치, 그리고 그것이 구체화되는 브랜드 네임, 디자인, 슬로건, 징글Jingle 사운드 등 여러 시그널들을 포함하는 매우 포괄적인 개념임을 알려둔다. CI를 디자인 표현 체계에만 국한해서 사용하는 태도는 브랜드의 영역을 단지 네임이나 디자인 차원으로만 제한하는 편협한 인식에서 비롯된 것이다.

업 이미지가 촌스럽고 노후화돼 보이는 것이었다. 업주들은 브랜드를 무분별하게 사용했고, 골프존은 이들이 시뮬레이터 구매 고객일 뿐, 프랜차이즈 가맹 사업자가 아니었기 때문에, 이를 제지할 수 없었다고 주장했다. 제대로 된 브랜드 관리 원칙이나 가이드라인이 없었던 탓도 크지만, 브랜드를 넘어서 유통 혹은 거래선 상의 정치적 관계 때문에 이미지 일관성을 강하게 밀어붙일 수 없는 진퇴양난의 상황인 듯했다. 5년이 지난 지금도 여전히 길거리 스크린 골프방들을 보면, 골프존의 브랜드가 오·남용되고 있는 걸 살펴볼 수 있을 정도다. 당시에도, 지금도 이 문제는 미제로 남아 있다.

우리는 골프존 브랜드를 진단하고 강력한 브랜드로 육성하기 위해 무엇을 해야 하는지 전략을 수립해달라는 주문을 받았다. 동료들과 파트별로 나누어 시장을 조사하기 시작했다.

가격 경쟁, 무차별의 늪으로 치닫는 시장

프로젝트가 시작되면 초반에 최대한 빠른 속도로 시장을 파악해야 한다. 이것이 가장 중요하다. 객관적으로 정리된 정량적 데이터 확보도 필요하지만, 업과 관련된 이해관계자들 정부, 기업, 고객, 언론, 전문가과의 인터뷰, 취재 등을 통해 업계 분위기를 파악하는 정성적 스터디도 필요하다.

"국내 골프 산업 내 스크린 골프 산업의 비중이 확대되고 있습니다. 2011년 당시 스크린 골프 산업은 1조 900억 원 정도 규모이고, 지속적인 성장세가 예측됩니다."

동료들과 시장 스터디 결과를 공유했다.

"하지만 스크린 골프를 포함해서 골프 활동 인구 성장세가 점

차 둔화되고 있어요. 시장은 분명 커지고 있는데 성장세가 둔

화되고 있고, 골프 활동 인구 성장세도 둔화되고 있었네요."

종합해보면 골프존 입장에서는 수요를 지속적으로 창출할

수 있는 모멘텀을 마련하는 게 시급했다. 당시 상황을 보면,

2005년부터 2010년까지 필드 골프장은 75퍼센트나 증가했고,

실내 골프 연습장도 140퍼센트 증가세를 보였다. 실외 골프 연

습장도 11퍼센트에 불과하지만 역시나 증가세를 보였다. 필드

골프장과는 성격이 다르기는 하지만, 이 세 영역은 모두 부분

적 대체재에 가까운 성격을 지닌다. 전반적으로 공급자가 늘어

나고 있었다. 이런 상황은 자연스레 서비스 가격의 하락을 유

발할 수밖에 없다.

모든 카테고리에서 비즈니스가 안착되고 다수 경쟁자들이

나타나기 시작하면, 반드시 발생되는 현상이 있다. '가격 출혈

경쟁'이다. 서비스 품질과 내용이 점점 비슷해지기 때문에 소비자들은 브랜드들의 차별성을 느끼지 못하고, 결국 비즈니스 혁신을 도모하지 못하는 기업들은 '가격 인하 정책'을 선택한다. '가격 경쟁'이 시작되고 있다는 이야기는 단위 판매량에 따른 영업이익률이 그만큼 떨어지고 있다는 의미이기도 하다. 골프 시장 역시 이런 상황을 비켜 갈 수 없었던 듯했다.

이게 현실이었다. 기존에 하던 방식으로 비즈니스를 운영할 경우, 미래 경쟁력을 확보하기 어려워 보였다. 우리는 골프존의 미래 비즈니스를 브랜드 관점에서 정비하기 위해 골프존의 철학을 재정립할 필요가 있었다.

BEAT가 나올 차례다.

1. B (Business Definition, 업의 본질 정의)

– Who they are ?: 골프존의 고객은 누구인가?

– Who we are ?: 골프존의 업을 뭐라고 정의해야 하는가?

2. E (Experiential Problem, 고객 경험상 문제점)

– How they feel? : 소비자들이 골프존을 대하는 태도

3. A (Actual Solution, 실질적 해결 방안)

– What to do?: 해결 방안은 무엇인가?

4. T (Thrilling Concept, 전율을 일으킬 컨셉)

– Why we are? : 골프존은 어떤 골프를 실천해야 하는가?

골프존은 어떻게
'색다른 플레이'를 선보이는가?

1. B (Business Definition, 업의 본질 정의)
골프존, 업의 본질은 무엇인가?

골프 시장은 해체되고 있었다. 골프 산업 내 하위 영역 간 경계가 희미해지고 있었다는 말이다. 하지만 그것은 또 다른 개편을 의미하기도 했다. 골프와 노래방, DVD가 합쳐진 가족 공간이 출현하는가 하면, 스크린과 실외를 오가는 골프 복합 공간이 출현하기도 했다.

이쯤 되면 골프존이 당면한 진짜 문제는 앞에서 말한 로고 디자인 따위가 아니었다. 해체와 융합을 반복하며 재편되고 있는 골프 시장. 그 안에서의 생존이 더욱 중요한 문제였다. 과연 골프존의 미래를 어떻게 기획해야 할 것인가?

당시 조사에 따르면, 골프존은 업계 리더로 소비자들 인식에는 '골프존=스크린 골프'라는 등식이 자리 잡고 있었다. 스크린 골프 카테고리에서 1위였기 때문이다. 이러한 조사 결과가 나오면 내부 임직원들은 '1등으로서 당연한 결과'라며 내심 자부심을 가지곤 했다. 하지만 우리가 보기에 이는 굉장히 심각한 문제였다. 이러한 등식은 골프존의 고객을 '스크린 골프' 고객으로만 한정 짓기 때문이다. 스크린 골프 시장은 성장세가 둔화되고 있었기 때문에 더욱 큰 문제였다.

필연적으로 골프존은 고객 영역을 넓혀야 했다. 골프존은 이미 골프와 관련된 여러 영역으로 업역을 확장하고 있었다. 골프 대회, 골프 용품 가게, 실내와 실외를 결합한 새로운 연습장, 레슨 프로그램, 실력 자가 진단 프로그램 등 멤버십으로 운영되는 다양한 서비스 프로그램을 포함하여 골프를 즐겁고 유익하게 즐길 수 있는 모든 영역에 손을 뻗고 있었다. 또한 어린이 골프 꿈나무 육성, 장애인 골프 참여 지원 등 골프 인구의 외연 확대에 힘쓰고 있었다. 골프존의 고객은 더 이상 스크린 골프방을 찾는 소비자들만이 아니라, 스크린이나 필드를 떠나 골프 문화에 관심이 있고 즐길 수 있는 모든 연령층을 의미했다 Who they are.

골프 문화는 골프 패션, 골프에 대한 학술적 지식, 용어 등 정보, 에티켓, 스윙 폼, 실력 향상을 위한 연습 프로그램, 골프 대회, 골프 게임, 골프 동향 등 다양한 차원을 모두 포괄한다. 골프 문화를 다루는 회사는 이 모든 영역들에 대응해야 한다. 그래서 우리는 골프존이 '스크린 골프 시뮬레이터 제조/판매 기업'이 아니라 '토탈 골프 문화 컴퍼니'가 돼야 한다고 생각했다 Who we are. 스크린 골프에만 국한되지 않고 실외, 그리고 필드에까지 영향을 미칠 수 있는 브랜드, 골프 산업의 파생 영역 용품, 부킹, 교육 등에서도 브랜드 존재감을 드러낼 수 있으며, 골프의 멘탈을 가르치고 생활화할 수 있게 도와주는 그런 브랜드.

2. E (Experiential Problem, 고객 경험상 문제점)
소비자들이 골프존을 대하는 태도

우리 팀은 홍대, 강남, 경기도를 돌면서 스크린 골프방을 몇 곳씩 방문했다. 업주에게 양해를 구한 뒤 그곳에 단골로 오시는 분들을 인터뷰했다. '스크린 골프' 문제점은 금세 파악됐다. '스크린 골프로는 실력이 늘지 않는다'는 거다. 대부분의 의견이었다.

"스크린 골프는 그냥 재미로 치지."

"친목 도모로 치는 거지. 그게 골프야?"

"사교로 친다."

"실력이 오른다기보다는 그냥 게임이지."

앞에서 우리는 골프존의 업의 본질을 '토탈 골프 문화 컴퍼니'로 정의했다. 그런데 문제는 고객들의 위와 같은 인식이었다. 골프존의 이미지는 단순 사교나 재미를 위한 게임 장소로만 국한돼 있었던 것이다. 스크린 골프는 실력을 향상시키는 유익한 '스포츠'가 아니라 친목, 재미 등의 목적을 지닌 단순한 '게임'이라는 것이다How they feel. '10대에게 PC방이 있고, 20대에게 당구장이 있다면, 중·장년층에게 스크린 골프방이 있다'는 식이었다. '스크린 골프=골프존'이었기 때문에 이러한 인식은 골프존의 기업 이미지로 여과 없이 전이됐다.

더욱 심각한 이미지도 있었다. 스크린 골프방은 유흥의 공간이기도 했다. 한때 노래방 업주들이 스크린 골프방으로 업종 변경을 하면서 스크린 골프방에서 양주를 팔고, 도우미를 불러 놀 수 있게 하는 등 스크린 골프방이 제2의 퇴폐 업소로 여겨지기도 했다. 물론 이는 '한때'의 이미지였고 점차 개선되고 있는 것으로 파악됐지만, 카테고리 자체가 가지고 있었던, 극복해야 성공한 모든 브랜드들의 공통점은 강력한 연상 이미지를 보유하고 있다는 것이다. 브랜드 매니지먼트Brand Management의 핵심은 브랜드 연상 이미지를 관리하는 것이라 봐도 과언이 아닐 정도로, 연상 이미지는 매우 중요한 요소다. 연상 이미지는 브랜드에 대한 선호를 결정하고, 구매 명분을 제공해주는 근본적인 역할을 지닌다.

광고계에서는 무척 유명한 볼보Volvo 광고를 살펴보자. 광고대행사 덴츠 Y&R에서 1996년 1월에 집행한 포스터 광고(하단 좌측). 같은 해 칸느에서 인쇄 부문 그랑프리를 수상했다. 우측 하단에 'VOLVO'라는 브랜드 네임과 그 하단에 '당신이 믿을 수 있는 단 하나의 차A car you can believe in'라는 태그라인 하나가 붙어 있다. 무슨 광고일까? 아는 사람들은 모두 아는, 볼보만의 강력한 연상 이미지는 바로 '안전Safety'이다. 이 광고는 옷핀Safety Pin을 볼보 자동차 형태로 구부려 놓음으로써, '볼보=안전'이라는 등식을 재확인한다.

볼보가 '안전한 차'라는 강력한 연상 이미지는 여러 캠페인 광고(하단 우측)로 이어졌다. 장 클로드 반담이 트럭 사이드 미러에 양다리를 걸치고 다리 찢기를 해도 안정감 있게 균형을 유지할 수 있는 이유는 바로 볼보의 안정성 때문이다. 'Volvo Truck' 광고 캠페인은 칸느광고제에서 20개의 상을 휩쓸 정도로 전 세계의 이목을 끌었다. 액션 스타의 멋진 연기 때문만은 아니다. 광고 자체가 볼보의 구매 명분이자, 핵심 연상 이미지인 '안전', '안정성'을 통찰력 있게 꿰뚫었기 때문이다.

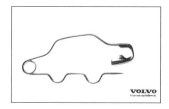 

할 부정적인 연상 이미지임에 틀림이 없었다.

골프 문화와 관련된 모든 것을 제대로 할 수 있는 전문 기업이 되기 위해서는 실제 기업의 역량 배양도 중요하지만, 그에 부합하는 연상 이미지 구축 역시 중요한 문제다. 브랜드의 실제 가치와 인식 가치가 균형을 이뤄야만 업을 건강히 운영할 수 있기 때문이다. '토탈 골프 문화 컴퍼니'라는 본질을 갖추는 것은 골프존의 몫이었지만, 그에 부합하는 목표 이미지아이덴티티를 설정하는 건 우리의 몫이었다. '골프존' 하면 무엇을 떠오르게 할 것인가? 그것이 숙제였다.

2. A (Actual Solution, 실질적 해결 방안)
'토탈 골프 문화 컴퍼니'가 되기 위한 브랜드 전략 방향

소비자들은 골프존을 실력을 향상시키는 유익한 '스포츠'가 아니라 친목, 재미 등의 목적을 지닌 단순한 '게임'으로 인식하고 있었다. 골프존이 '2020 전 세계 골프업계 리더'가 되기 위해서, 제대로 된 '토탈 골프 문화 컴퍼니'가 되기 위해서는 이러한 이미지를 제거하면 된다. 이미지를 제거하고 새로 심어줄 목표 이미지를 구축해야 한다.

　해결책은 간단하다. 골프존을 단지 '재미' 차원에서만 즐기는 '게임'이나 '놀이'가 아니라, 실제 필드 골프에도 도움이 되고, 제대로 된 골프 문화를 이해할 수 있게 도와주는 전문가 이미지로 만들면 된다. 게다가 골프존의 핵심 역량인 'ITainment IT + Entertainment'까지도 고려할 필요가 있다. 모든 비즈니스의 성공은 자사의 핵심 역량에 기반해야 하기 때문이다. 그리고 그러한 목표 이미지는 실제로 기업의 역량 혹은 실체에 부합해야 한다. 실제로 실력이 없는 사람을 전문가 이미지로 포장하는 것은 사기다. '플라톤의 동굴'을 잊지 말아야 한다. 단

'브랜드 이미지'는 브랜드에 대해 소비자들이 인식하고 있는 이미지다. '브랜드가 목표로 하는 이미지'브랜드 아이덴티티와 현재 이미지 사이에 격차는 언제나 존재한다. 그 사이의 간극을 메우는 것이 대개 브랜드 커뮤니케이션 전략의 목표라 할 수 있다. 브랜드의 새로운 목표 이미지를 설정하기 위해서는 현재 브랜드의 이미지가 어떠한지, 해당 업業을 소비자들이 어떻게 인식하고 있는지 면밀히 검토해야 한다. 그리고 그 업에서 소비자들이 무엇을 불편하게 느끼고 있는지 파악해야 제대로 된 목표 이미지 방향을 설정할 수 있다. 업의 본질 파악이 아이덴티티 전략에 우선해야만 하는 이유다.

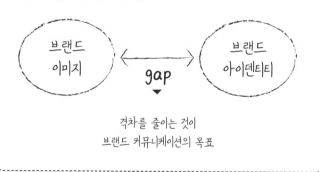

격차를 줄이는 것이
브랜드 커뮤니케이션의 목표

지 믿음만을 주는 것이 아니라, 실체에 부합하는 이미지를 만들어주는 것이 브랜드 전문가들이 할 일이다.

다행스럽게도 이미 골프존은 이러한 문제를 극복하기 위해 골프 실력을 향상시킬 수 있는 여러 가지 프로그램과 멤버십 서비스를 운영하고 있었다. '나스모_{나의 스윙 모션}'를 통해 골프 자세를 바로잡아주는 서비스와 스크린 골프 랭킹 기록을 데이터베이스화하여 자신의 부족한 실력을 점검할 수 있는 객관적 데이터를 제공했다. 그리고 'G-Tour', 'GLT/ LGLT'와 같은 상금이 걸린 스크린 골프 대회를 개최해 소비자들이 경쟁적으로 참여할 수 있는 경험의 장을 마련했다. 골프에 입문하는 초심자들을 위해 '골프 용어집', '골프 뉴스', '칼럼' 등을 제공하여 기본 지식을 습득할 수 있게 교육했으며, 어느 정도 실력이 되는 골퍼들을 위한 필드 부킹 서비스까지 제공했다. 이러한 노력은 지금까지 이어지고 있는 것으로 보인다. 문제는 이러한 실천들이 효과적으로 인지되지 않았다는 것이다. 이런 것들을 경제적으로 압축할 수 있는 개념이 필요했다.

골프존을 통해서 골프 실력을 향상시키고, 건전한 골프 문화를 익히고, 향유할 수 있다는 인식. 그러기 위해서 골프존은 그저 그런 심심풀이 '게임'을 만드는 회사가 아니라 고도의 전문성을 갖춘 '스포츠 컴퍼니'여야만 했다.

골프존은 먼저 '골퍼'들에게 제대로 된 브랜드로 인정받을 필요가 있던 것이다. 그렇다고 해서 실제 필드 골프에는 별 관심이 없고 가끔 즐기는 '게임' 정도로 인식하는 '라이트 유저 Light User'들도 배제할 수는 없었다. 그들 역시 골프존의 고객이기 때문이다. 선수급 실력을 갖춘 '헤비 유저 Heavy User'와 그렇지는 않더라도 스크린 골프를 종종 즐기는 '라이트 유저' 모두를 감싸 안아야 했다. 매우 단순하지만, 그 고객군 모두를 포괄하면서 '스포츠 컴퍼니'로서의 골프존을 표현하는 한 단어

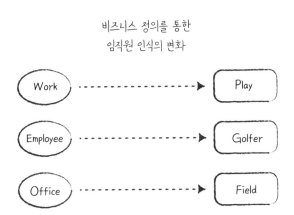

비즈니스 정의를 통한
임직원 인식의 변화

가 필요했다.

'플레이Play'

우리는 골프존의 비즈니스를 '플레이Play'로 표현했다. '플레이Play'라는 단어는 '놀다', '게임 등을 하다' 등 '게임' 카테고리에 해당하는 의미도 포함하지만, '특정 경기를 하다', '시합을 뛰다' 등 '스포츠' 카테고리에 해당하는 의미도 포함하고 있다. 라이트 유저와 헤비 유저를 모두 포괄하는 개념으로 가장 적절해 보였다.

'플레이Play'라는 개념을 도입하면서 골프존의 임직원들은 '일'이 아니라 '플레이Play'를 하게 되고, 임직원들 역시 단지 '직장인'이 아니라 '골퍼'가 된다. '일터'가 아니라 '필드'에서 플레이를 하게 되는 것이다. 이곳 직원들은 흔한 '워크숍'이 아니라

1년에 한 번 전 직원이 해외 필드로 경기를 떠나는 '플레이숍'을 실시한다. 승진을 하려면 골프 실력을 향상시켜야 한다는 것도 다른 점.

　'플레이Play'. 무언가 실마리가 풀리는 듯했다. 하지만 이 한 단어만으로는 무언가 부족해 보였다. 우리는 명확하고 적절한 철학을 정립하기 위해 '플레이Play'가 어떤 플레이Play인지 면밀하게 검토해 보기로 했다.

'플레이Play'의 3단계

존 톰린슨의 《문화 제국주의Cultural Imperialism》에 따르면, 영국의 문화 이론가 레이몬드 윌리엄스Raymond Williams는 문화를 이해하는 세 가지 정의를 내세운다.

　　1) 지적, 정신적, 심미적 발전의 일반적 과정

(a general process of intellectual, spiritual and aesthetic development)

2) 지적인, 그리고 특히 예술적 활동의 작품이나 실천 행위
(the works and practices of intellectual and especially artistic activity)

3) 특정 국민, 특정 시기, 특정 집단, 아니면 인류 일반의 특정 생활 양식
(a particular way of life, whether of a people, a period, a group, or humanity in general)

이러한 세 가지 관점을 골프존의 '플레이 비즈니스'에 대입해보기로 했다.

먼저 '플레이 비즈니스'의 1단계. '꿈꾸고 목표를 설정하는 단계', 즉 '혼魂'의 단계다. 최상의 수준에서 소비자들의 '플레이'를 돕기 위해 골프 실력을 향상시키는 데 도움을 주는 모든 서비스와 프로그램, 제품을 포함한다.

2단계는 '지적인, 그리고 특히 예술적 활동의 작품이나 실천 행위'의 단계다. '의미 있는 것을 만드는 단계', 즉 '창創'의 단계라 할 수 있다. 골프존의 플레이를 소비자들이 온몸으로 느끼고 즐길 수 있도록 스크린과 필드에서 라운딩을 제공하는 서비스와 제품, 프로그램이 이에 해당한다.

마지막 단계는 '통通'의 단계다. 문화 이론에서는 '특정 생활 양식'의 차원에 해당한다. 골프존을 통해 진정한 골프 문화와 가치를 온/오프라인에서 공유할 수 있도록 하는 네트워킹 플랫폼, 골프 대회 등이 이에 해당한다.

이렇게 플레이 비즈니스를 ①실력을 향상시키는Enhancing 단계, ②골프를 즐기는Enjoying 단계, ③골프 문화와 가치를 나누고 함께 골프 경험을 공유하는Sharing 단계로 정의할 수 있었다 What to do.

플레이 비즈니스의 3단계 프로그램Enhancing-Enjoying-Sharing은 골프존이, 실력 향상과 더불어 즐거운 골프 문화 경험을 약속하는 진정한 IT 스포츠 브랜드가 되기 위한 실질적 솔루션이었다.

4. T (Thrilling Concept, 전율을 일으킬 컨셉)
골프존은 어떤 골프를 실천해야 하는가?

이런 모든 목표와 실천 전략을 내부 임직원들에게 한마디로 상기시킬 수 있는 철학이자 슬로건이 필요했다. 기존에 없던, 기존에 있는 경쟁사들과 다른 플레이를 선보이는 브랜드. IT와 골프와 문화를 접목하여 전혀 새로운 차원의 즐거움과 골프 실력 향상을 위한 새로운 차원의 유익함을 제공하는 브랜드. 단지 스크린상에서의 게임만을 제공하는 회사가 아니라, 골프에 관한 모든 문화를 경험할 수 있게 해주는, 세상에 전혀 없던 토탈 골프 문화 컴퍼니.

혁신 IT를 통해 '새로운 차원의 골프 문화'를 제시하는 브랜드. 소비자들에게 새롭고 유익한 즐거움을 선사하고, 골프 문화와 경험을 나누고 확산할 수 있어 관계의 깊이를 더해 가는 토탈 골프 문화 브랜드. 우리는 이것을 '플레이 디퍼런트Play Different'라고 정의했다Why we are.

'플레이 디퍼런트'는 세상에 없던 골프 문화를 제시해야 한다. '플레이 디퍼런트'는 새로운 차원의 서비스, 새로운 차원의 업무 방식, 새로운 차원의 영업 방식 등 모두를 포괄하는 철학이다.

이후 실제로 골프존은 필드 골프장을 인수해서 스크린 골프

플레이 비즈니스Play Business의 3가지 차원

```
┌──────────────────┬──────────────────┬──────────────────┐
```

**Enhancing
(Performance)**

**Enjoying
(Play)**

**Sharing
(Culture & Value)**

최상의 수준에서
'Play Different'를 달성하기
위한 실력을 향상시키는 데
도움을 주는 브랜드

'Play Different'를 온몸으로
느낄 수 있도록 스크린,
필드에서 라운딩을
제공하는 브랜드

네트워킹, 온라인 소통을
통해 새로운 차원의 진정한
골프 문화/가치를 공유할 수
있게 하는 브랜드

와 필드 골프를 연계하여 새로운 IT 골프장을 기획하기도 했다. 골프존 멤버십 ID만 있으면 내 실력에 필요한 골프 용품을 자동으로 컨설팅해서 추천해주는 골프존 마켓도 '플레이 디퍼런트'이고, 일본에 있는 친구와 국내에 있는 친구가 골프존 시뮬레이터에 동시 접속만 하면 함께 게임을 즐길 수 있는 네트워킹 게임도 '플레이 디퍼런트'의 정신으로 기획됐다.

'플레이 디퍼런트'의 3단계를 요약하면 앞 장의 표와 같다. 이 3단계는 골프존의 비즈니스 플랜이자, 고객 만족을 위한 브랜드 액션 플랜의 근간을 이뤄야 한다. 다시 말하지만, 이는 소비자들의 미충족 욕구를 해결할 수 있는 실질적인 솔루션 방향이었다.

5년 전과는 달리 지금은 주변에 '골프존'에 대해 들어봤느냐고 물어보면, 다들 골프존을 알고 있다고 한다. 골프하고는 관련이 전혀 없는 내 어머니까지 아실 정도다. 컨설팅 당시, 골프존은 10주년을 기점으로 새로운 술을 담기 위한 새 부대를 마련할 필요가 있었다. 엔지니어 베이스의 벤처기업이 대부분 겪는 고질적 문제를 극복할 필요도 있었다. '문화'로서의 브랜드를 만들지 못하고 있던 것이다.

결과적으로 컨설팅을 마무리하고 난 이후, 난 골프존에게 스카우트 제의를 받았다. 컨설팅 결과가 만족스러웠다는 또 다른 표현이었다. 골프존은 컨설팅 이후 상장을 했고, 컨설팅을 한 지 5년이 지난 지금 엄청난 회사로 발전하고 있다. 컨설팅을 통해 새로운 철학적 지향점을 마련한 골프존은 단지 스크린 골프 시뮬레이터 판매 회사로 남지 않았다. 제대로 된 '골프 문화'를 육성하기 위한 거침없는 광폭 행보를 보이고 있다.

원고를 준비하면서 골프존을 검색하다 지난 2015년 골프존이 '골프존 스윙톡SwingTalk'을 론칭했다는 것을 알게 됐다. '스윙톡'은 클럽 손잡이에 센서를 부착하여 이용자의 골프 자세에 대한 분석을 블루투스 이어폰으로 실시간 전송해주는 상품이다. 스윙 궤적, 퍼팅 분석, 임팩트 점검, 스윙 테스트 등을 통해 골프 실력을 향상시켜주는 디바이스인 것이다.

개정판을 쓰는 지금 골프존을 검색해 보니 지난 2016년 '스트라이존'을 론칭하며 '토탈 골프 문화 컴퍼니'에서 '토탈 스포츠 문화 컴퍼니'로의 진화를 시도하고 있다. 연관성, 일관성을 갖춘 비즈니스의 진화다. 참으로 '플레이 디퍼런트'하지 않은가?

BEAT.
골프존의 비즈니스 컨셉 도출

Business Definition 업의 본질 정의	Who they are? 고객은 누구인가?	골프 문화에 관심이 있고 즐길 수 있는 모든 연령
	Who we are? 우리는 누구인가?	토탈 골프 문화 컴퍼니
Experiential Problem 고객 경험상 문제점	How they feel? 소비자들이 골프존을 대하는 태도	골프존은 게임일 뿐 실력을 향상시킬 수 있는 스포츠가 아니라는 인식
Actual Solution 실질적 해결 방안	What to do? '토탈 골프 문화 컴퍼니'가 되기 위한 브랜드 전략 방향	3단계 플레이 비즈니스 –실력 향상(Enhancing) –경기 즐기기(Enjoying) –함께 알고 함께하기 (Sharing)
Thrilling Concept 전율을 일으킬 컨셉	Why we are? 골프존의 브랜드 철학	플레이 디퍼런트 (Play Different)

6 / 자동차 멤버십의 본질

.. 멤버십의 본질은 리멤버십。

난 운전을 좋아하지 않는다. 운전이 미숙한 탓도 있지만, 운전을 하면 사람들을 관찰하거나 딴짓을 할 수 없기 때문이다. 그런데 아이러니하게도 나는 자동차 브랜드와 관련된 컨설팅을 꽤 많이 했다. 현대자동차 '벨로스터'와 '액센트 위트'의 브랜드 컨셉 및 네이밍을 진행했고, 동료들과 함께 '맥스크루즈'나 '아슬란' 같은 차량의 브랜드 컨셉, 네이밍, 마케팅 아이디어도 개발했다. 내비게이션을 잘 써본 적도 없으면서 엠엔소프트 내비게이션 '지니'의 브랜드 슬로건을 작업하기도 했고, 자동차 정비의 '정'자도 모르면서 르노삼성자동차의 A/S 서비스 브랜드 '오토솔루션'의 브랜드 개발, 서비스 디자인 등을 진행했다.

나는 잘 모르는 영역의 프로젝트를 할 때마다 남들보다 더 많은 관찰, 정성적 인터뷰, 문헌 조사를 하는 편이다. 그들이 가진 일상의 경험을 좇아가지 못하니까. 그것이 일을 맡긴 클라이언트에 대한 최소한의 예의라고 생각한다.

기아자동차의 멤버십 개편 프로젝트도 그랬다. 차를 별로 몰아보지도 못한 채 8년째 자동차 업계를 간헐적으로 들락날락한 나는 자동차 생활과는 거리가 멀었던 탓에 남들보다 더 많은 노력을 해야 했다. 정 안 되는 건 동료들과 지인들의 인사이트를 빌려오면 됐다. 동료들끼리 아이디어를 대출받으면 그뿐이니까. 우린 서로의 아이디어에 대해 이자를 지불하지 않았다.

멤버십과 관련이 된다면 텔레콤이건, 항공사건, 소수 럭셔리 피플들의 비밀 클럽이건 닥치는 대로 조사했다. 멤버십과 관련된 모든 사례 연구, 국내·외 연구 논문 및 데이터 등 이쪽 파트에만 2명의 컨설턴트를 조사원으로 배정했다. 멤버십의 미래를 예측할만한 데이터나 인사이트가 충분치 않았기 때문이다.

나는 몇몇 팀원들과 함께 자동차와 관련이 있는 모든 접점을 찾아 다녔다. 차를 살 것처럼 하면서 주요 브랜드 매장을 돌며 미스터리 쇼핑Mystery Shopping을 했고, 문제가 있는 차량을 빌려

정비소에 가서 정비 능력과 서비스 태도, 가격을 비교해 보기도 했다. 경험을 일반화하기 어려울 때는 전 세계 연구 논문과 특정 전문 사이트에 나오는 소비자들의 게시글과 댓글, SNS 메시지 등을 수집해 분석하기도 했다.

기아자동차의 멤버십, 'Q멤버스'를 리뉴얼하라

오랫동안 기아자동차는 'Q멤버스'라는 멤버십 제도를 운영하고 있었다. Q멤버스? '한 큐'에 해결된다는 의미인가? '퀄리티'를 추구한다는 것인가? 아님 큐사인이 '딱' 소리가 나는 것처럼 고객에게 '딱' 맞는 서비스를 제공해 주겠다는 의미인가? 온갖 추측이 난무했다.

기아자동차 내부에서도 브랜드 네임의 정확한 의미는 '카더라'로 내려오고 있었다. 'Q'는 빠른Quick 정비 서비스, 질 좋은 Qualified 서비스 등을 의미한다고 했다. '정비' 서비스 브랜드인

'Q서비스'로 시작된 이름이었고, 여러 기능과 목적이 추가되면서 멤버십 브랜드로까지 성장한 것이다.

멤버십은 단골 고객을 확보하기 위해 구축된다. 보통 단골 고객을 만들려면, 스스로 남아 있게 만들거나, 떠날 수 없게 해야 한다. 후자는 고객 주변에 약정 제도 등의 요새를 구축해 고객이 성벽을 넘어서기 어렵게 만들거나, 귀찮아서 성벽 안에 남아 있게 만드는 방식이다. 위약금을 내고 떠나려면 본전이 생각나서 계속 그 브랜드를 사용하게 되는 식이다. 보조금을 받고 핸드폰을 약정으로 구매한 경우, 쉽게 통신사를 바꾸지 못하는 것과 같다. 고객의 브랜드 이탈에 대한 전환비용Switching Cost을 높이게 되면, 높은 '이혼 위자료' 때문에 감히 '이혼'을 생각지도 못하게 된다.

문제는 전자다. 떠날 수 없게 만드는 건 강압적이고 수준 낮은 방식이지만, 고객의 마음을 움직여 스스로 남아 있게 만드는 것은 고수들만 할 수 있는 방법이다. 연애로 치자면 '밀당'을 통해 상대방이 내가 좋아서 헤어지는 것을 상상조차 할 수 없

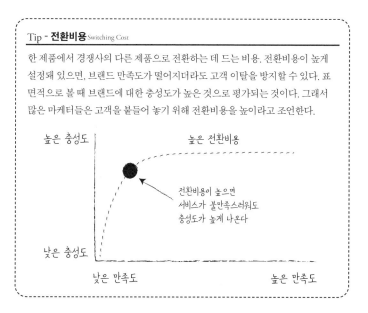

Tip - **전환비용** Switching Cost

한 제품에서 경쟁사의 다른 제품으로 전환하는 데 드는 비용. 전환비용이 높게 설정돼 있으면, 브랜드 만족도가 떨어지더라도 고객 이탈을 방지할 수 있다. 표면적으로 볼 때 브랜드에 대한 충성도가 높은 것으로 평가되는 것이다. 그래서 많은 마케터들은 고객을 붙들어 놓기 위해 전환비용을 높이라고 조언한다.

높은 충성도   높은 전환비용

전환비용이 높으면
서비스가 불만족스러워도
충성도가 높게 나온다

낮은 충성도

낮은 만족도   높은 만족도

게 만드는 것이다. 연애 고수다. 연인을 내 옆에 붙들어 놓기 위해서 다이아몬드 반지를 줄 수도 있겠지만, 반지 때문에 남아 있던 연인은 누군가가 더 비싼 반지를 준다면 미련 없이 떠날지도 모른다. 가난해도 서로 사랑하고 결혼까지 하려면 상대가 겪고 있는 심적 어려움과 지금 필요로 하는 것, 좋아하는 것 등을 낱낱이 파악하고 속 깊은 '마음씀'으로 닫힌 마음을 어루만져줘야 하는 법이다.

기아자동차 역시 고객과의 제대로 된 '결혼 생활'을 유지하고자 노력한 흔적이 보인다. '자동차Car'가 아니라 '자동차 생활Car Life'에 초점을 맞춰 주유, 자동차 보험에서 자동차 관리·정비, 식·음료, 여행, 숙박, 긴급 상황, 중고차 판매·폐차, 재구매 등에 이르기까지 무수히 많은 서비스를 제공했다. 하지만 아내(고객)는 남편(기아자동차)이 자신에게 무엇을 해주었는지, 자신을 위해 어떤 노력을 하고 있는지 알지 못했다. 심지어 '자신에게 남편이 있었나?' 하는 생각까지 하고 있었다. 남편감으로서 기아자동차를 본다면 어땠을까?

1) 낮은 인지 가입률·인지 사용률 : 남편의 존재감이 없다

당시 기아자동차 멤버십의 총 가입 회원은 430만 명이었다. 가입률이 90퍼센트다. 하지만 'Q멤버스'를 명확히 인지하고 가입한 비율('인지 가입률')은 16퍼센트였다. '인지 사용률'도 17퍼센트에 지나지 않았다(포인트 사용률 78퍼센트). 아침에 눈을 떠 보니 밥이 차려져 있길래 밥은 잘 먹었는데, 남편이 차려 놓은 밥상인지 알지 못하고 먹었다면, 남편에게 고마워할 이유가 없는 법이다. 조금이라도 혜택을 받고 사용했는데 그게 멤버십 덕분이었다는 걸 아는 사람이 17퍼센트밖에 안 된다는 건 심각할 정도로 존재감이 없다는 의미다.

2) 차별성이 없는 서비스 : 결혼할 이유가 없다

Q멤버스의 기능과 혜택들은 경쟁사가 제공하는 서비스와 거의 동일하거나 유사했다. 그리고 빵집, 극장, 편의점, 편집샵 포인트 적립 및 할인 등 카드사나 통신사가 제공하는 멤버십 혜택과 상당 부분 중복돼 있었다.

매일 삼시 세 끼 잘 먹고 사는 사람에게 '내가 매일 세 끼의 밥을 먹을 수 있게 해줄 테니 결혼하자'고 한다면 그와 굳이 결혼할 필요가 없다. 남들도 다 할 수 있는 일이니까. 당시 기아자동차의 Q멤버스에는 차별적인 멤버십 서비스가 거의 없었던 게 사실이다.

3) Q 브랜드 남용 : 남편이 무슨 일을 하는지 모르겠다

'Auto Q', 'Smart Q', 'Soul Q', 'Q Bless', 'Q Friends', 'Smart Q Service', 'Q Car', 'Q Life', 'DOOR TO DQOR'…. 영업점과 정

비점을 다닐 때마다 정체 불명의 Q가 등장했다. Q가 들어간 브랜드들이 원칙 없이 무분별하게 늘어나면서 Q멤버스의 정체가 불분명해졌다. 도대체 어떤 브랜드지? 저 여러 Q는 도대체 뭐가 다르지?

남편이 존재감도 없고, 뭘 하고 다니는지도 모르겠고, 결혼을 유지할 이유도 없다면, 바로 이혼감이다. 고객이 떠나간다는 이야기다. 당시 Q멤버스는 떠나는 고객을 붙잡을 명분이 거의 없었다. 이런 문제는 기아자동차 내부에서도 잘 알고 있었다. 그래서 '제대로 된 남편'이 되기 위해서 무엇을 해야 하는지 함께 찾아보자고 했던 것이다. 멤버십 브랜드와 프로그램, 마케팅을 전면 개편해야 했다.

업의 본질을 고민하는 컨셉션 모델, BEAT에 따라 논의해야 할 사항들을 정리했다.

1. B (Business Definition, 업의 본질 정의)

- Who they are : 기아자동차 멤버십의 고객은 누구인가?

- Who we are : 멤버십을 뭐라고 정의해야 하는가?

2. E (Experiential Problem, 고객 경험상 문제점)

- How they feel : 고객이 불편해 하는 것은 무엇인가?

3. A (Actual Solution, 실질적 해결 방안)

- What to do: 해결 방안은 무엇인가?

4. T (Thrilling Concept, 전율을 일으킬 컨셉)

- Why we are : 기아자동차 멤버십은 어떤 브랜드인가?

기아자동차는 어떻게
멤버십을 강화할 것인가?

1. B (Business Definition, 업의 본질 정의)
멤버십의 본질은 리멤버십 Re:membership

회의가 시작됐다.

> "늘 하던 대로 자동차에서 '멤버십'은 '무엇'인지 고민해 봅시다."
> "자동차 멤버십이라는 건 뭐지? 아니 그냥 멤버십은 원래 뭐지?"

회의는 각자가 조사한 자료와 스터디를 통해 얻은 인사이트를 서로에게 뿜내는 시간이다. 자유로운 발상과 토론에는 정답이 없다. 그래서 누구도 서로의 생각을 섣불리 부정하지 않는다. 우리는 국내외 브랜드를 통틀어서 '혁신'이라고 할만한 멤버십 프로그램을 찾아보기 어려웠다. 간혹 특별한 럭셔리 서비스의 멤버십 프로그램이나 소수 정예에만 해당하는 프로그램 등을 볼 수 있었지만, 대중적으로 적용하기 어렵거나 비용이 많이 드는 것 일색이었다.

오랜 회의 끝에 누군가가 말했다.

"멤버십Membership…이 아니라, 리멤버십Remembership이어야 하
지 않을까요?"

생각이 더해진다.

"듣고 보니 그렇네요. 너무 좋은 생각인 것 같은데! 브랜드와
고객을 연인 관계로 비유해보자면, 멤버십이라는 제도는 그
둘을 결혼시키기 위한 혼인서약서와 같은 게 아닐까? 그리고
그 처음 혼인을 하게 되는 순간을 끊임없이 기억Remember하게
만들기 위한 알차고 행복한, 그리고 재밌고 즐거운 결혼 생활

의 리멤버십 프로그램들이 있어야 결혼 생활도 오래 유지되는 게 아닐까 싶어요."

질문이 이어진다.

"리멤버-십Remember-ship? 리-멤버십Re-membership?"

난 '리-멤버십Re-membership'이어도 좋았고, '리멤버-십 Remember-ship'이어도 좋았다. 기존의 멤버십을 새롭게 다시Re 개편하자는 의미와 함께 고객들이 브랜드를 더욱 명확히 기억하고Remember 사랑할 수 있게 만들자는 의미, 두 가지 모두 맞는 말이기 때문이다. 고객의 자동차 생활에 부합하는 적절한 멤버십으로 개편Re한다면, 기아자동차와 하위 차량 브랜드들 역시 더욱 오래 기억Remember될 것이기 때문이다. 리멤버십Remembership이야말로 '멤버십'의 본질이 아닐까Who we are?

　멤버십은 기본적으로 자사 제품을 구매한 사람에 한해 제공된다. 멤버십의 대상은 언제나 소비자Consumer가 아니라 고객Customer일 수밖에 없다. 당연히 기아자동차 멤버십의 대상은 기아자동차 차량을 직접 구매한 고객이다Who they are. 그리고 우리가 생각한 '리멤버십'의 기본은 브랜드 충성도 제고를 목표로 해야 한다. 강력한 충성도는 반복 구매를 유도한다. 허무맹랑한 이야기일 수도 있다. 자동차 자체가 좋아야지 혜택이 얼마 되지도 않는 멤버십 서비스로 값비싼 자동차를 반복 구매하게 만든다는 것이 말처럼 쉬운 일은 아니니까.

　일반적으로 많은 기업들이 멤버십을 브랜드 카테고리와 거의 무관한 '보상'의 영역과 '리베이트'의 영역에서만 제공하고 있었다.* 멤버십을 넘어, '리멤버십'을 제대로 구현하기 위해서는 대다수 기업들이 접근하는 멤버십 관리 방식을 벗어나야 한다고 생각했다. 하지만 우리는 자동차 생활과의 관련성을 높이

---

* 지금까지 많은 기업들이 멤버십 등의 로열티 프로그램을 대하는 태도는 크게 다섯 가지로 구분해 볼 수 있다. 보상과 리베이트보다 '감사', '제휴', 친근함'이 보다 브랜드 연관성이 높은 영역이라 할 수 있다. (정해동, <로열티 프로그램의 요소와 구조에 대하여>, 한국마케팅연구원, 2006 참고 및 인용).

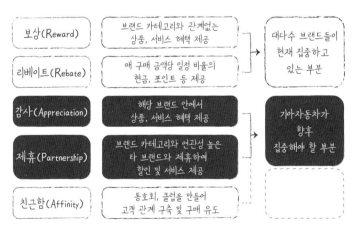

고, '자동차'라는 제품과 그 주변에서 발생되는 여러 경험을 지원할 수 있는 서비스와 혜택으로 전환할 필요가 있었다. 단순히 '자동차Car'를 판매하는 회사가 아니라, '자동차 생활Car Life'을 판매하고 지원하자는 게 기아자동차의 선언이었으니까.

만일 기아자동차의 멤버십이 F&B 카테고리에서 포인트 할인 및 적립을 해준다면, 그것을 파리바게트나 일반 극장에서 해주는 것보다, 자동차와 함께 경험할 수 있는 상황에 적용하는 것이 더 좋다. 예를 들어, 맥도날드 드라이브인에서 햄버거를 살 때 기아자동차 고객은 할인을 해준다거나, 자동차 전용 극장을 무료로 이용할 수 있게 해주는 것이, 카드사나 통신사가 모두 다 접근하는 방식의 서비스보다 훨씬 브랜드 연관성이 높은 활동인 것이다.

2. E (Experiential Problem, 고객 경험상 문제점)
사는 순간 중고차가 되는 불편한 진실

리멤버십을 새롭게 개편하기 위해서는 브랜딩, 마케팅의 중심축을 이루는 컨셉이 필요했다. 컨셉은 고객들이 무엇을 원하고 있는지 꿰뚫어 봐야 잘 만들 수 있다. 관심법觀心法이 필요했다.

　제대로 된 답을 찾기 위해서는 제대로 된 질문을 던져야 한다. 질문의 영역과 내용을 제대로 설정하고, 사람들이 직접적으로 답변하는 바로 그 내용에 주목하기보다, 그 답변 언저리에 진을 치고 있는 주변 정황에 집중해야 한다. 달을 볼 것이 아니라, 달을 그려내는 주변의 농도 짙은 구름을 봐야 한다. 우리의 관심법은 '홍운탁월'이었다. 홍운탁월烘雲托月 은 육법六法이라는 동양화 기법 중 하나다. 달 주변의 구름을 어둡게 표현하여 달이 드러나도록 하는 기법이다. '구름'으로 '달'을 그리는 방법이

© 남리 김두량의 <월야산수도>,
국립중앙박물관 소장

다. '달'이라는 소비자 니즈Needs나 현상을 주목할 것이 아니라, 그것을 만들어내는 주변의 구름을 봐야 한다.

"현장으로 가자. 차를 구매한 경험이 있는 주변 사람들 있는 대로 다 수배해서 인터뷰 따와."

인터뷰와 정보 수집, 그리고 인사이트 분석의 지침은 '홍운탁월'이었다.

"'달'을 보지 말고 '구름'을 보고 와라."

동료들에게 주문을 한 뒤 나도 정보를 수집하기 시작했다.

도움이 되지 않고 사태를 악화시키는, 그러니까 우리의 관심법에 위배되는 질문들은 하지 않기로 했다. 다음과 같은 것들이었다.

　"자동차 멤버십은 무엇인가요?"

　"자동차 멤버십은 무엇이 되어야 하나요?"

　"자동차 멤버십 혜택으로 무엇이 필요하다고 느끼시나요?"

　이런 류의 질문은 문제 파악과 해결에 도움이 되지 않는다. 우리는 고객이 차를 사게 된 이유와 배경, 새 차가 나올 때까지의 기다림, 새 차를 받았을 때의 느낌, 차에 처음 흠집이 났을 때 가슴 아팠던 사연들…. 그런 다양한 에피소드를 수집하기 시작했다. 며칠 뒤 회의가 시작됐고, 다양한 '구름'들을 공유했다.

"새 차가 나온다고 생각하니 밤잠을 잘 수가 없었어요. 집 앞에 주차해 놓고도 누가 흠집을 내진 않나 싶어서 30분마다 나가서 차를 보고 돌아왔던 기억이 나요."

"은둥이 본인의 중고 소나타를 이렇게 부르던 사람이 있었다. 세차하고 나면 기분이 늘 좋아요."

"누가 차에 흠집을 내놓고 그냥 말도 없이 도망갔는데 어찌나 기분이 나쁘던지… 이 차를 어떻게 샀는데… 그런데 이후 내 운전 부주의로 차에 흠집이 또 났어요. 아, 그때부터 그 차에 애착이 안 가더라고."

구름들을 하나씩 겹쳐보면서 조금씩 달의 형상이 드러나기 시작했다.

① 차를 받기 전부터 설렘은 시작되고 한동안 사랑이 지속된다. 차를 의인화할 정도로.

② 구매 초기에 자기가 선택한 자동차 브랜드를 주변에 추천하고 자랑하고 다닌다.

③ 차를 타기 시작한 시점부터 차는 이미 중고차가 되어 있다.

④ 흠집이 나는 등 더 중고차가 될수록, 애착이 약해지고 브랜드 선호도는 낮아진다.

자동차 멤버십의 목적이 차량의 추가 반복 구매에 기여해야 하며, 그러기 위해서 자동차 생활에 필요한 무언가를 해줘야 한다면, 가장 기본적이고 본질적인 문제부터 해결해야 한다.

그게 뭘까? 며칠간의 논의 끝에 우리가 발견한, 자동차 운전자들의 가장 본질적인 고민은 '차는 사기 시작한 그 순간 이미 중고차'라는 사실이다How they feel.

3. A (Actual Solution, 실질적 해결 방안)
가는 세월, 멤버십으로 어떻게 막지?

차 값이 떨어진다. 그리고 흠집이라도 나면 애착도 없어진다. 차량에 대해 애착이 없어지고 금세 다른 차를 사고 싶어진다. 심한 경우 어떤 사람은 6개월 만에 자기가 산 차에 싫증을 내기도 했다. "타보니 잘못 산 것 같다", "혜택도 없다", "소음도 심한 것 같다…."

불평과 불만투성이였다. 이 모든 것들을 우리가, 아니 자동차 회사들이 해결할 수 있을까?

"자동차라고 가는 세월을 어떻게 막죠? 게다가 멤버십으로
그걸 어떻게 해결하나요?"

　인간은 언어기계Language Machine다. 혼자서 아무리 고민해도 무
언가 답이 안 나올 때는 동료들과 말을 섞으며 생각을 주고받
아야 한다. 언어는 언어를 낳고, 새롭게 태어난 언어는 새로운
개념을 만들어낸다. 같이 토론할 동료가 없다면, 어쩔 수 없이
혼자 해야만 한다면, 정보 습득 후 혼자 글이라도 써봐야 한다.
글을 쓰는 과정은 대화의 과정과 비슷하니까.
　멤버십으로 어떻게 차량의 노후화와 중고화를 막을 것인가?
모두가 고민에 빠졌다. 그때 누군가가 말했다.

　"안티에이징Anti-Aging이요. 아님 웰에이징Well-Aging."

유레카!

"늙어가는 건 막을 수 없지만, 최대한 노화를 방지하고 천천히
늙게 할 수 있지 않나요?"

진시황부터 지금 전 세계 모든 여성, 남성들이 원하는 그것,
안티에이징. 그래, 기아자동차 멤버십은 '리멤버십'이고 '안티
에이징'이었다What to do.

4. T (Thrilling Concept, 전율을 일으킬 컨셉)
'첫 차 느낌 그대로'

운전자들의 에피소드들 가운데 우리가 발견했던 또 하나의 주
된 현상이 있었다. 구매 초기 설렘이 지속될 때, 자기가 선택한

브랜드의 차량을 주변에 자랑하고 추천하고 다니는 것이 적잖이 관찰됐다. 내 차가 아직 노후화되지도 않았고 흠집 하나 없이 새 차나 다름없다고 자랑하는 등 구매 초기에 차량 브랜드에 대한 NPS순수추천고객지수*가 증가되는 것이다.

하지만 대부분 자동차 회사들이 무언가 혜택이나 멤버십 서비스를 제공하는 시점은 고객이 필요로 하는 시점보다 너무 늦은 편이다. 자동차 용품을 사은품으로 받는다 해도 고객들이 이미 구매한 경우가 태반이었다. 그 시점은 대부분 초기보다는 아무래도 차에 대한 애정이 좀 더 사라진 이후 시점이었다.

우리의 생각은 자연스럽게 이어졌다. 그렇다면 자동차에 대한 애정이 보다 떨어진 상태에서 특별한 혜택을 받는 것보다

---

* 복잡했던 고객 만족도 조사 방식에 대한 대안으로 제시됐다. NPS는 '추천 의향'을 묻는 항목으로 조사 대상에 대한 충성도를 평가하는 '순수추천고객지수(Net Promoter Score)'의 약자다. 베인앤컴퍼니에서 고안했다.

는 차에 대한 애정도가 높은 구매 초기에 혜택을 받는 것이 '추천' 등 입소문 효과 측면에서 훨씬 우수할 거라고 볼 수 있지 않을까?

결국 리멤버십 프로그램을 통한 차량의 '안티에이징'으로 노후화를 지연시키고, 브랜드 로열티가 강하게 유지되는 구매 초기 기간 내 혜택을 제공해서, 브랜드 추천도와 선호도를 증폭시키는 전략을 세울 수 있었다.

> "기아자동차의 리멤버십 브랜드는 구매 초기부터 제공되는 안티에이징 프로그램 및 혜택을 통해 처음 새 차의 느낌을 오래 유지해 준다."

괜찮은 스토리였다. 처음 자동차를 인수받을 때의 느낌과 설레는 두근거림Beat을 자동차 운행 기간 내내 지속해서 재연상

Remember 시키고 유지·강화시키는 스토리다.

　이런 스토리에 따라 우리가 정한 새로운 브랜드 컨셉은 '첫 차 느낌 그대로'였다 Why we are.

브랜드 및 멤버십 프로그램 개발

도출된 컨셉에 따라 브랜드 정비를 시작했다. 먼저 새로운 아이덴티티에 부합하는 새로운 브랜드를 만들었다. 고객에게 첫 차 느낌을 그대로 주기 위한 멤버십 브랜드의 미션을 '리-디자

이퀄라이저 형태로 끝임없이 움직인다.

인RE-DESIGN'으로 설정하고, 앞 글자 'RE-D'를 따서 '기아레드 멤버스KIA RED MEMBERS'라는 브랜드 네임을 개발했다. 그리고 처음 차를 인수 받았을 때의 느낌과 설렘을 두근거림Beat으로 해석하여 'Equalizer' 형태로 시각화했다로고는 모바일과 웹 상에서 움직이는 형태로 경험할 수 있는 Moving Brand Design으로 기획됐다. 두 개의 알파벳 E는 차에 대한 느낌과 설렘을 암시하는 이퀄라이저로 형상화되어 끊임없이 움직인다.

액션 없는 컨셉은 공허, 컨셉 없는 액션은 맹목적

브랜드 매니지먼트의 영역은 편의상 일관성과 명확성을 갖춘 브랜드 전략구심력과 이에 기반한 브랜드 커뮤니케이션의 수행원심력 등으로 나누어 볼 수 있다. 그리고 그러한 원심력과 구심력이 가능하게끔 강력한 실체로서 지지해주는 실질적 브랜딩 액션, 즉 브랜딩 프로그램들을 구축하고 관리하는 일로 구성된다.

컨셉, 네임, 스토리, 디자인 등 기아레드멤버스 브랜드에 대

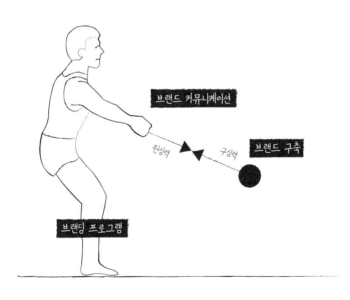

브랜드 커뮤니케이션

원심력　구심력　　브랜드 구축

브랜딩 프로그램

한 표면적 정비가 완료됐다. 하지만 실질적 컨셉 실행 프로그램 즉, '첫 차 느낌 회복안티에이징' 프로그램 없이는 브랜드가 살아 숨쉴 수 없다. 실체가 명확하지 못하면 브랜드는 공허한 이미지에 불과하기 때문에 실체 구축이 가장 중요한 것이다.

우리는 '첫 차 느낌 그대로'라는 컨셉에서부터 다시 시작했다. 컨셉은 브랜드 관리의 기준점이기 때문에 언제 어디서든 끊임없이 소환 당할 준비가 돼 있어야 한다.

"'첫 차 느낌', 아니면 '새 차 느낌'이라는 게 뭘까? 사람들은
무얼 떠올릴까?"

소비자들을 통해 '첫 차 느낌새 차 느낌'이라는 주제를 갖고 자유롭게 이야기했다. 다양한 연상 이미지 '구름' 가운데 두 개의 '달'이 관찰됐다.

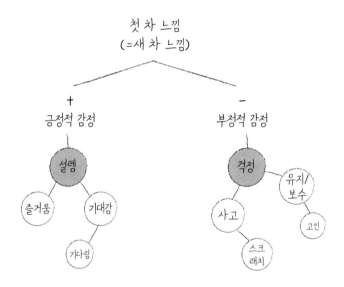

설렘 그리고 걱정.

첫 차 느낌은 기본적으로 '설렘'이라는 긍정적 감정과 연관돼 있었다. '설렘'과 연결돼 있는 모든 연상 이미지들은 인출을 강화할수록 브랜드 관리에 도움이 되는 것들이었다.

반면, '첫 차'에서부터 떠오르는 '걱정'과 '불안감'을 배제할 수는 없었나 보다. '사고가 나면 어떡하지?', '아직 난 운전이 미숙한데…', '스크래치 날까봐 불안해 죽겠네' 등의 불안과 걱정 요인들도 '첫 차 느낌'에서부터 파생되는 연상 이미지다.

요약해 보면, 내 차가 생겼다는 기쁨의 '설렘'과 차량의 노후화, 사고 등에 대한 '우려'가 있었다. 이 두 가지 감정선을 잘 디자인할 수 있다면 멤버십 브랜드의 프로그램은 소비자들에게 효과적으로 다가설 수 있으리라.

어느 동료가 말했다.

"설렘과 기쁨이 넘치는 고객한테는 그 감정을 배가시킬
수 있는 더욱 강화된 '환영' 프로그램을 적용하는 거예요.
레드 멤버스 회원이 되었음을 환영할 수 있는 혜택을 주는
거죠. 그리고 차 걱정에 빠져 있는 고객에게는 '안심' 프로
그램을 만들어 향후 걱정 없이 케어해 줄 것을 약속하는
거죠."

　이후 우리는 다양한 '안심 프로그램'과 '환영 프로그램'을 개
발하여 기아레드멤버스의 서비스 내용을 완성했다. '첫 차 느
낌'을 지속적으로 환기시키겠다는 컨셉은 이제서야 구체적인
프로그램의 마련으로 생명력을 갖게 된 것이다.
　자동차를 판매하고 나면 고객과의 관계가 거의 유지되지 않
는 것이 그간 자동차 회사들의 관행이었다. 기아자동차는 그러
한 고객들의 비판과 불만을 잠재우는 차원을 넘어 적극적으로

고객의 자동차 생활을 지원하고자 '환영'과 '안심' 프로그램을 구축했다. 고객들로 하여금 '첫 차 느낌'을 회복시키는 '리디자인Redesign 브랜드가 되는 것과 동시에, 기업 차원에서도 전 조직을 '리디자인'할 수 있는 그런 브랜드로 성장하길 바란다.

Tip- 기아레드멤버스 들여다 보기

'새 차 느낌'을 증폭시키는 환영 프로그램

새 차를 받는 순간 멤버가 됨을 진심으로 환영하는 '레드박스 웰컴키트'를 받게 된다. 단순한 안내 메시지가 아니라, 필요한 물품이 함께 들어 있는 웰컴키트는 기대치 못한 순간 작은 감동을 선사하게 될 것이다. 그리고 설렘을 증폭시킬 수 있는 환영의 제스처로 각인될 것이다.

처음 특정 조직에 들어갈 때, 조직에 대한 교육을 받는 것처럼 새 차를 인수하게 되면, 자동차의 기본에 대한 다양한 교육이 필요하다. 우리 주위에는 첫 차를 인수받자마자 사고를 내거나 당한 사람들, 차량을 망가뜨린 사람들이 생각보다 적지 않다. 운전 미숙일 수도 있고, 차를 잘 몰라서일 수도 있다. 그래서 우리는 차량을 인수받은 이후 시점에, 다양한 차량 관리 및 운전 노하우를 제공하여 노후화를 예방할 수 있도록 돕는 드라이빙 클래스를 무료로 제공하는 것이 좋겠다고 제안했다. 드라이빙 클래스는 크게 '운전·주차 클래스', '세차 클래스', '정비 클래스', 그리고 연비 절감을 위한 '에코 클래스' 등 운전자들에게 필요한 4가지 영역으로 구성했다.

불안감을 덜어주는 안심 프로그램

불안한 마음은 차량 내·외부 모두에 적용된다. 자동차 구매 고객의 불안감을 덜어주기 위해 신차 연계 서비스, 유지 관리 서비스, 복원 서비스 등을 준비했다.

- 신차 연계 서비스 : 보호 필름, 유리막 코팅, 선팅 등
- 유지 관리 서비스 : 광택, 디테일링 세차, 실내 크리닝.
- 복원 서비스 : 시트 커버 교체, 유리 복원, 실내외 복원, 라이트 복원. 또한 카리모델링 서비스를 도입하고 충성 고객들을 추첨하여 무상으로 차의 내/외장을 복원하거나 리모델링하는 프로그램.

이상의 것들은 기아자동차의 고객이라면 모두 경험할 수 있는 프로그램들이고, 현재 실행되고 있는 프로그램들이다. 실제 기아자동차 브랜드 가치를 제고할 수 있는지 그 여부는 좀 더 지켜봐야 할 것 같다. 그리고 지속적인 멤버십 관리를 통해 반복 구매 유도에 유의미한 영향을 미칠 수 있을지도 지켜봐야 한다.

BEAT.

기아자동차 멤버십 브랜드 컨셉 도출

Business Definition 업의 본질 정의	Who they are? 고객은 누구인가?	기아자동차 구매 고객
	Who we are? 우리는 누구인가?	리멤버십 브랜드
Experiential Problem 고객 경험상 문제점	How they feel? 고객들은 무엇을 불편해 하는가?	차는 사는 순간부터 중고가 된다.
Actual Solution 실질적 해결 방안	What to do? 우리는 무엇을 해야 하는가?	안티에이징(Anti-Aging)
Thrilling Concept 전율을 일으킬 컨셉	Why we are? 업의 존재 이유	첫 차 느낌 그대로 (Like the first beat)

外
傳
外
傳

우리는 언제나 일정한 논리적 프로세스를 통해 생각하지는 않는다. 사람은 기본적으로 이성보다 감성의 지배를 많이 받는다고 믿는다. 이른바 논리logic라는 것은 사람들이 가지고 있는 직관과 경험을 통해 입력되는 추가 정보들을 설득력 있게 정리하는 과정에 개입하게 된다. 하지만 자기 생각의 발전 과정을 돌이켜 보면 언제나 빠지지 않는 공통 요소들이 있음을 깨닫게 된다. 컨셉을 기획하는 과정으로 생각해볼 때, 내 경우 언제나 빠뜨리지 않았던 요소가 바로 BEAT였다.

BEAT가 포함하고 있는 요소들은 2000년 전부터 그리스에서 자주 관찰되던 철학적 사유의 단초들과 유사하다. 대상의 본질을 정의하는 것, 그것의 영향을 받게 되는 인간의 세계에 대한 인식론, 편협한 세계관 극복을 위한 인식론적, 존재론적 해결 방안 등 그리스 철학적 사유에서는 이미 무수히 실험했던 내용들이다. 그러다 보니 이미 BEAT의 요소들을 하나씩 뜯어

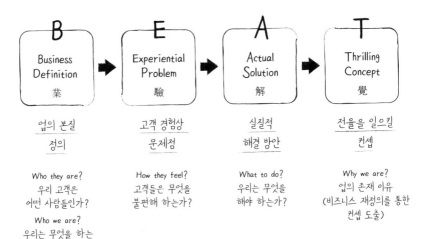

B	E	A	T
Business Definition 業	Experiential Problem 驗	Actual Solution 解	Thrilling Concept 覺
업의 본질 정의	고객 경험상 문제점	실질적 해결 방안	전율을 일으킬 컨셉
Who they are? 우리 고객은 어떤 사람들인가? Who we are? 우리는 무엇을 하는 사람들인가?	How they feel? 고객들은 무엇을 불편해 하는가?	What to do? 우리는 무엇을 해야 하는가?	Why we are? 업의 존재 이유 (비즈니스 재정의를 통한 컨셉 도출)

보면 완전히 새로운 것은 하나도 없다. 하늘 아래 새로운 것이 없는 법이라면, 이미 존재하는 것들을 재구성, 결합함으로써 새롭고 유익한 방법론을 만들 수 있을 거란 믿음이 있다. 그 결과가 BEAT다. 컨셉을 기획하기 위해 반드시 거쳐야 할 네 가지 요소. B, E, A, T.

중요한 건 이 책을 읽는 다양한 유형의 '컨셉 기획자'들이, 자기만의 방법으로 이 방법론을 활용하는 것이다. 누군가가 제시한 모델은 언제나 곧이곧대로 사용될 필요는 없다. 마찬가지로 BEAT 역시 자기 사유 전개 방식과 다른 부분이 있다면 부분적으로 변형해 가면서 사용해도 된다. B, E, A, T 각각을 도출하고 정의하는 자기만의 노하우를 개발하는 것도 자기식 기획 방법을 만드는 값진 훈련이 될 것이다.

이어지는 내용은 고객사의 프로젝트가 아니라, 내가 직접 운영하기 위한 사업 컨셉을 기획했던 경험들이다. 투자를 받는 것도 아니었던 지라 자기 사업을 기획하면서 복잡한 논리나, 문서 작업 따위는 필요 없었다. 전반적인 컨셉 기획의 배경을 소개하고 BEAT 모델에 적용하여 어떻게 정리됐는지 간략히 스케치하고자 한다.

1. 사물의 본질

: 인간관계 회복 프로젝트, '오브젝트'

2009년 말. 오랜 고향 친구와 10년 만에 만났다.

10년 만에 만난 그 친구는 디자이너로 커리어를 쌓고 있었고, 나는 브랜드 네이머를 거쳐 브랜드 전략 컨설턴트로 커리어를 쌓고 있었다. 서로의 안부를 묻고 홍대에서 종종 만나다 서로 재미있는 일을 도모하기로 했다.

결론부터 말하자면, 이 이야기는 홍대를 중심으로 성장하고 있는 리싸이클링샵 '오브젝트Object'에 대한 간략한 회고다. 그 친구는 현재 오브젝트의 공동대표인 이영택이다.

여느 때와 마찬가지로 영택이와 아메리카노를 마시며, 함께 도모할 일의 아이템을 논의하던 중, 내 핸드폰이 울렸다.

"장순아, 안녕. 나 OO야. 오랜만이다."

6~7년 만이었나? 수년 만에 연락이 왔다. 그다지 친하지 않

앉지만 반가웠다. 전화번호를 몇 번 바꿨는데 어떻게 알고 내게 전화를 했는지는 묻지 않았다.

"나 결혼한다."

어쩌다 친구 관계가 이렇게 된 것일까? 관계는 지속적으로 이어지지 않고, 필요에 의해서만 연락을 하게 되는 관계들. 나는 연락을 평소에 하지 못했던 사람들에겐 나와 내 가족 경조사 때 일체 연락을 하지 않는다. 많은 사람들이 그렇게 생각하진 않지만, 내 생각에 그건 염치 없는 행동이고, 인간관계에 있어 예의라고 생각하기 때문이다. '축하한다'는 말을 남기고 급하게 전화를 끊었다. 아메리카노를 마시고 있던 친구가 누구냐고 물었다.

"난 정말 이해가 안가. 6~7년간 연락 한 통도 없다가 어떻게

자기 필요할 때만 연락을 하는 거지?"

우리 대화는 얄팍한 인간관계에 대한 주제로 이어졌고, 이어
그것을 극복하기 위한 방안은 과연 무엇인지 논의하기 시작했다.
내 지론은 인간관계에 대한 제대로 된 교육은 입시 위주의
공교육에서 절대 이뤄질 수 없으며, 가정 교육에서도 기대하기
어렵다는 것이었다. 왜냐하면 부부의 맞벌이가 좀처럼 끝날 것
같지 않아, 부모가 아이를 제대로 훈육하고 돌보는 게 불가능
한 시대이기 때문이다. 그렇다면 무엇을 통해 인간관계에 대한
제대로 된 교육을 받을 수 있을까? 어쩌면 기존의 '교육 시스
템'과 그 파생 영역에서는 해소될 수 없는 문제인 것도 같았다.

"사람들이 절대 멈추지 않는 행위에 '깊은 관계'라는 컨셉을

덧씌우면 어떨까?”

사람들이 매일 반복하며 포기할 수 없는 행위가 있다면, 그 행위가 일어나는 일련의 과정에 '깊은 관계'의 필요성을 자연스레 이식해, 사람들의 사고방식을 서서히 바꾸자는 생각이었다. 나는 사람들이 절대 멈추지 않으며, 멈추지 않을 행위를 '소비 행위'라고 생각했다. 소비 행위는 경제적 수준과 종류의 차이만 있을 뿐이다. 현대 사회는 의식주 모든 영역에서 자급자족하며 살지 않는 이상, 소비를 포기할 수 없는 시스템이기 때문이다.

그 친구와 나는 이런 대화를 하기 전에 이미 디자인 상품과 관련된 장사를 하고 싶어 했는데 그래서 우리의 생각은 자연스럽게 디자인 상품에 '관계의 철학'을 덧씌우는 것으로 이어졌다.

사물 오래 쓰기 캠페인의 시작

돌이켜 보면, 사람이 사물을 대하는 태도 역시 사람이 사람을 대하는 태도와 비슷하게 형성돼 있었다. 약정이 끝나면 새 스마트폰으로 기계를 바꾸는 시대. 물건이 망가지면, 우리는 자동적으로 이렇게 생각한다.

'또 하나 사지 뭐'

없어지거나 망가지면 '또 하나 사면 된다'는 식의 사고방식은 사물이든 사람이든, 특정 대상에 대한 애착심을 서서히 희석시키고, 그 대상은 언제나 대체 가능한 무언가로 인식된다. 그러다 보니 우린 욕망의 흐름에 따라 물건을 끊임없이 구매한다. 기존에 가지고 있던 물건은 금방 질려버리니까. 질려버려도 또 새로운 물건이 생산되니까.

그 결과, 수요는 멈추지 않는다. 기업들은 맹목적으로 멈추지 않는 수요를 소비자 니즈로 착시 해석했고, 그런 현상들을 쪼개고 쪼개어 다양한 차원의 시장을 '발명'했다. 이른바 '시장 쪼개기'로 불리는 STP Segmentation - Targeting - Positioning 전략이라는 게 출현했고, 도대체 하락을 모르는 공급 곡선 때문에 경쟁은 더욱더 심해졌다. 그럴수록 기업들의 차별화에 대한 강박은 더욱 심해졌고, 차별화를 위한 시장 쪼개기 세그멘테이션는 지속적으로

Tip‑ STP Segmentation‑Targeting‑Positioning **전략**

개별 고객의 선호에 맞춘 제품과 서비스를 통해 타사와 차별 및 경쟁력을 확보하려는 마케팅 기법이다. 경쟁이 심화됨에 따라 소비자 일반에게 어필하는 대중 커뮤니케이션 Mass Communication 이 점점 효과를 잃게 되자, 시장을 잘게 나누어 특정한 고객군을 확보하고자 하는 전략이다. 특정한 관점에서 시장을 세분화 Segmentation 하고, 그중 특정 시장을 타겟으로 설정 Targeting, 그 타겟이 원하는 이미지를 각인 Positioning 시키는 순서로 전개된다.

강화된다. '세그멘테이션'만으로는 차별화 방법이 없어, 한 번 더 쪼개보는 '마이크로 세그멘테이션'이 나오고, 혹자는 '하이퍼 세그멘테이션'까지도 이야기하고 있다.

　지나친 시장 쪼개기의 결과, 소비자들이 제대로 인지하기 어려울 정도로 매우 미세한 차이마저도 '차별성'이라는 명분을 갖고 출시된다. 그렇게 출시된 상품들이 한데 모여 진열돼 있는 모습을 보노라면, 한 회사에서 만든 제품들이 아닌가 싶을 때가 많다. 상품 자체의 차별화가 부족하니 자연스레 상품들 간의 가격 경쟁이 시작된다. 상품들의 가치는 하락한다. 가치를 상실한 제품들은 쉽게 버려지고, 결핍은 또 다른 욕망을 만들어낸다. 사물은 과잉 소비되고, 애당초 가치가 떨어진 상품들은 쉽사리 폐기된다. 버려진 사물들은 환경 공해를 유발한다. 인간의 값싼 욕망은 사물의 과잉 생산을 낳고, 과잉 생산된 사물들은 쓰레기 더미가 되어 인간을 잡아먹는다.

원래 사물은 주인의 애착에 따라 빛을 발하기도 한다. 고유한 아우라가 생기는 것이다. 원시부족사회에서는 특정 개인이 보유하고 있는 물건에는 그 사람의 영혼과 생명이 깃들어 있다고 믿었다. 유명 연예인이 쓰던 물건이 경매에서 높은 값을 차지하게 되는 건 바로 이러한 심리에 따른 결과다. 물신物神까지는 아니더라도 내가 아끼며 사용해 온 5년 된 샤프 펜슬이 교보문고 매장에 진열돼 있는 새 제품보다 훨씬 좋은 것이다.

하지만 세상은 애당초 애착 따위를 경험해 보지 못한 사물들로 넘쳐난다. 이와 마찬가지로 사람 또한 그렇다. 업무 외에 특별한 경험을 공유하지 않는 대다수 직장인들의 경우 동료가 그만두면, 아쉬운 마음도 잠시, '일손이 모자란다'는 마음을 갖게 된다. 그리고 이내 팀에서는 업무가 많으니 '일손을 뽑아달라'고 요청한다. 서로가 같은 길을 걸어가는 도반道伴으로 생각하지 않고 '일손'으로만 생각한다.

SNS 친구는 많지만, 지금 힘든 나를 진정 이해하고 위로해줄 친구는 적다. 아예 없는 경우도 많다. 마음은 더욱더 공허해진다. SNS 활동이 늘어난다. 페이스북과 인스타그램 친구를 늘려간다.

단 한 번도 깊은 사랑을 받지 못했던 사물들이 환경 공해를 이루는 것처럼, 잉여 인맥을 늘려가고, SNS 친구들은 관리를 넘어선다. 깊은 대화와 관계는 포기한 채, SNS 친구들은 나의 이미지를 홍보하기 위한 수단으로 전락한다. 인맥 공해다.

우리가 겪고 있는 이 모든 현상은 '얄팍한 관계' 때문에 발생한다고 생각했다. 그것을 없애고 싶었다. 일평생 단 3명을 사귀더라도 깊이 있게 만나는 게 좋다고 생각했다. 그래서 우린 포기하지 않는 소비 행위를 깊이 있는 무언가로 만들어보기로 했다. 죽어버린, 버려진 관계를 회복하는 프로그램. 우리는 사물의 본질을 '관계 회복'이라는 차원에서 살피기로 했다.

어느 날 친구는 리싸이클링이라는 아이템을 이야기했다.

환경 공해로 방치되는 물건들을 수집해 디자인을 통해 심폐소생시켜 재판매하자는 것이었다. 중고제품을 재활용하는 것이니만큼, 제품은 사용에 문제가 없어야 했고, 디자인 측면에서 매력이 있어야 했다. 물론 가격도 저렴해야 했다. 그래야 그물건은 독특한 분위기를 발할 것이다. 매력 있는 아이템이 된다면, 사람들은 그 물건을 오래 쓰게 될 것이고, 사물을 오래 쓰는 습관을 갖게 된다면, 그런 습관이 다른 대상으로까지 전이될 것이라는 게 우리의 가설이었다. 수명이 긴 물건Long Life Product 이 필요했다.

그렇게 우리는 단돈 100만 원을 가지고 실험적 성격의 캠페인을 진행했다. 어설픈 창업이었다. 중고물품들을 구하고, 우리의 철학을 담은 손바닥만한 브로슈어와 명함을 만들었다. 그게 시작이었다.

얄팍한 인간관계를 회복하기 위해 사물을 오래 쓰는 습관을 갖자는 것은 다소 생뚱맞아 보일 수도 있다. 하지만 우리는 진지했다. 이상주의적이고 뜬구름 잡는 것만 같은 이 사업은 지금도 홍대, 삼청동, 부산 등지에서 운영되고 있다. 이후 나는 손을 떼고 내 갈 길을 가게 됐고, 친구는 새로운 파트너와 회사를 훨씬 더 성장시켰다. 초기 창업 비용을 감안해 보자면 놀라울 정도의 매출액을 기록하고 있다고 한다.

오브젝트의 실험은 아직 끝나지 않았다. '오브젝트'는 사람과 사람 사이의 오랜 관계를 유지시켜줄 수 있는 브랜드이며, 그런 철학을 제대로 지킬 때에만 강한 생명력을 가질 수 있는 브랜드다.

BEAT.
오브젝트 브랜드 컨셉 도출

Business Definition 업의 본질 정의	*Who they are?* 고객은 누구인가?	우리 모두
	Who we are? 우리는 누구인가?	관계 회복 캠페인 기획자
Experiential Problem 고객 경험상 문제점	*How they feel?* 고객들은 무엇을 불편해 하는가?	얄팍한 인간관계
Actual Solution 실질적 해결 방안	*What to do?* 우리는 무엇을 해야 하는가?	사물 오래 쓰기 캠페인으로 관계를 오래 유지하는 습관 기르기
Thrilling Concept 전율을 일으킬 컨셉	*Why we are?* 업의 존재 이유	Long Life Product

2. 나눔의 본질
: 매일 부르고 싶은 아름다운 이름, '매아리'

어느 날 쉬는 시간에 한 동료가 나한테 건의사항이 있다고 말했다.

"팀장님, 우리 팀도 주말마다 자원봉사 나가면 안 돼요?"

그렇게 우리 팀은 주말에 할 수 있는 자원봉사 프로그램을 물색하기 시작했다. 양로원, 고아원 등 복지 단체 위주로 할 수 있는 것들을 찾아봤다. 2주간 몇 개의 아이템을 놓고 논의하다가 우린 고아원에 가서 공부를 돕든, 아이들과 같이 놀아주든, 도움이 필요한 일을 하기로 정했다.

그런데 문제가 생겼다. 보육원에 있는 아이들을 돕는 일은 무조건 정기적으로 방문을 해야 하고, 한 주라도 빠지게 되면 아이들이 마음에 상처를 받게 된다는 말 때문이었다. 당시 총각이라 불금을 소주로 달래는 게 유일한 낙이었던 나는 토요일

마다 한 주도 빠짐없이 보육원에 방문하는 게 부담스러웠다.

"미안해, 나 자신 없어. 차라리 우리가 잘할 수 있는 일을 비정
기적으로라도 하는 게 어떨까? 우리가 가진 재능을 기부하는
거 말야. 브랜딩으로 시작해보자."

하지만 동료들은 회사에서도 하는 일을 일과 후에 하는 걸
싫어했다. 당연한 일이었다. 나는 내가 내뱉은 이 말 한마디 때
문에, 그 이후로 몇 주 동안 '브랜딩 프로보노Pro Bono'라는 화두
에 사로잡혀 있었다.

'브랜딩으로 재능기부를 한다. 누구에게? 도움이 필요한 모
든 이들에게? 아니야, 그러면 브랜드로 먹고 사는 사람들은 어
떻게 하라고. 기존 업계 시장을 갉아먹을 순 없으니, 아예 기존
업계에서는 관심 갖지 않는 영역을 살펴봐야겠다.'

생각은 조금씩 발전했다. 공익적인 영역으로 국한하여 브랜딩을 돕기로 했다. 계획은 단 하루 만에 다 세웠다. 다만 함께할 동료가 없었다. 그래서 전 직장에서 월요일 오전 '3분 스피치'를 통해 계획을 발표했고, 동참할 동료를 모집했다. 모두가 망설였다. 계획이 추상적이었던 탓으로 생각한다. 보다 구체적인 계획이 필요했다.

어느 날 대기업 프로젝트를 진행하다가 특허청 상표 DB를 통해 브랜드 네임 상표 정밀 검색을 해야 했다. 네이머나 상표 변리사들은 그 고충을 잘 안다. 상표 검색이 얼마나 피곤한 일인지를. 우리는 우리 팀에서 함께 개발한 브랜드 네임 후보안을 놓고 상표 검색을 하고 있었다. 각자 할당량을 소화하고 있는데, 나는 내가 할당받은 네임 중 3분의 2가 모두 대기업이 보유하고 있는 하지만 사용하지 않을 것으로 강하게 추정되는 브랜드 네임 때문에 등록 가능성이 없다고 판단했다. 네임을 더 많이 만들어야 했다.

우리나라 상표법은 '선출원주의'를 채택하고 있다. 먼저 상표 출원을 하는 자가 '장땡'인 셈이다. 미국은 '사용주의'를 채택하고 있다. 먼저 출원을 한다 해도 사용하지 않으면 안 되고, 상표를 출원할 때도 실제로 상표가 사용될 것을 입증하는 서류가 필요한 제도다. 우리나라에서는 '선출원주의'를 채택하고 있기 때문에 실제로 상표를 사용하지 않더라도 경쟁자들이 사용하지 못하도록 다량의 상표를 특허청에 출원 등록하는 게 대기업 법무팀의 관례다. 그 결과 대기업들은 실제로 사용하지 않는 상표를 많게는 수백 개 가량 보유하기도 한다.

브랜드 네임, 쉽게 말해 상표는 비즈니스를 요약하는 핵심 키워드 중 가장 중요한 요소다. 그런 키워드를 남들이 사용하지 못하게 하려고 독점하는 태도는 옳지 못하다고 생각했다. 물론 상표법은 3년 이내 사용하지 않는 상표는 '취소심판청구'를 통해 등록 취소할 수 있도록 하는 조항을 담고 있다. 불공정한 상황을 막기 위한 최소한의 장치다. 하지만 취소심판청구를 하려면 비용이 들고, 해당 기업에서 3년간 그 상표를 사용하지 않았다는 것을 입증해야만 하는 번거로움이 있었다. 그런 이유로 많은 개인 사업자, 소상공인들은 상표 취소심판청구는 생각조차 하지 않는다. 중소기업도 마찬가지다.

매일 부르고 싶은 아름다운 이름, '매.아.리'

해야 할 것은 명확했다. 공익 활동을 위해 브랜드 개발이 필요한데 자체적인 능력으로 하지 못하는 곳을 돕기로 했다. 그들이 꿈꾸는 공익을 위해 '매일 부르고 싶은 아름다운 이름'을 만들어주기로 결심했다. 그래서 이 프로보노 단체의 이름을 '매아리'라고 지었다. '매아리'에는 '열매'라는 뜻도 있다.

공교롭게도 매아리가 설립된 날은 2009년 9월 9일이다. 인터넷 카페에서 알게 되어 단 한 번 만났을 뿐인 진근용 형과 함

매아리에서 작업했던 포트폴리오 중 일부

TEDx KSU 발표 장면. 유튜브 YOUTUBE 에서 확인 가능하다.

께 매아리의 업무를 기획하고, 매아리라는 단체를 알리기 시작했다. 초기 멤버는 단 4명이었다.

첫해 우린 13개 복지단체에 브랜드 재능기부를 했다. 처음 취지는 브랜드 네임만 만드는 것이었는데, 복지단체의 경우 이름 하나 만들어준다고 공익을 위한 후원금이 원활히 모금되는 것이 아니란 걸 확인했다. 이후 우린 네이밍뿐만 아니라 스토리텔링, 무료 강의, 브랜드 컨셉, 전략, 디자인, 네트워킹 등 우리가 할 수 있는 모든 일을 하기로 했다.

브랜딩 프로보노 단체가 만들어졌다는 입소문이 퍼졌고, 각 브랜드 에이전시에 속해 있던 전문가들이 하나둘씩 연락해왔다. 프로젝트 베이스로 팀을 꾸려 각자의 재능을 기부했다. 2년 차에 매아리의 구성원은 20명이 됐고 3년 차가 됐을 때 매아리에서 한 번이라도 재능을 기부한 사람들을 다 합치면 대략 100명에 이르렀다.

몇몇 언론에서 인터뷰 요청이 와서 동료들과 함께 인터뷰를 진행하기도 했다. 그리고 나는 매아리를 대표해 경성대학교에서 열린 TEDx에 초청돼 20분간 강연을 하기도 했다. 언론을 통해 매아리가 조금씩 알려지자 재능 기부 요청이 눈에 띄게 증가했다. 심지어 캐나다에서까지 SOS 요청이 온 적도 있다.

'하이, 한글 캠페인'

미국 코넬대학교를 졸업하고 캐나다 맥길대학교로 진학한 데릭이라는 청년이 페이스북을 통해 내게 연락을 취했다. 캐나다에서 '한글 캠페인'을 하고 싶은데 브랜딩과 캠페인 기획을 도와달라는 것이었다. 왜 캐나다에서 한글 캠페인을 하려 하느냐고 묻자, 북미 지역에서 한글 캠페인을 확산시켜 아이비리그에 제2외국어 과목으로 '한국어'를 채택시키고 싶기 때문이라고 답했다. 매우 멋진 생각에 흔쾌히 브랜딩과 캠페인을 돕기로

캐나다 한글 캠페인 기획/브랜딩 (좌)
10월 9일 한글날을 공식 기념일로 선포한 캐나다 브리티시 콜롬비아주 공문 (우)

결정했다. 캠페인은 캐나다 현지에 사는 한인 대학생들이 주축이 되어 직접 진행하기로 했다.

　매아리 멤버들은 평일 새벽 논의와 주말 미팅을 통해서 'Hi, Hangeul'이라는 브랜드 네임을 만들고 몇 가지 캠페인 아이디어를 함께 기획했다. 캠페인은 성공적으로 진행됐고, 캠페인 결과 캐나다 브리티시 콜롬비아 주정부에서 2012년 10월 9일을 'Korean Language Heritage Day'라는 기념일로 공표하는 공문을 전달했다.

'책읽는 지하철' 플래시몹

소셜 커뮤니티 '나눔나우', 도서 유통 문화 기업 '북PR미디어', 그리고 매아리가 공동 기획하고 진행한 '책읽는지하철' 캠페인도 기억에 남는다. 매아리에서는 캠페인 브랜딩과 캠페인 전략을 공동으로 수립하고 함께 캠페인을 진행했다. '책읽는지하

책읽는 지하철 탑승객 모집 포스터

철'은 순환선인 지하철 2호선 중 몇 칸을 점거해 단체 독서 플래시몹을 진행하는 이벤트다. 각자 읽고 싶은 책을 들고 와서 지하철이 한 바퀴 돌아 원점으로 올 때까지 독서를 하고 조별로 모여 독서 토론 등 뒤풀이를 하는 즐거운 캠페인이었다.

매아리는 특정 단체나 기업의 프로젝트를 오래 진행하지 않는다. 도움이 필요한 곳이 워낙 많기 때문에 캠페인의 경우 그것이 안착될 때까지만 함께하고 다시 다른 프로젝트를 진행해야 하기 때문이다.

행복 울림의 철학:

Liking isn't helping, Sharing is helping.

우리는 모두 현직에서 브랜드 관련 일을 하는 사람들이어서 일과 중에는 프로보노 활동을 하기 어려웠다. 밤새기를 밥 먹듯하는 브랜드 에이전시의 과도한 업무량을 볼 때 평일에 시간을 내는 것은 거의 불가능했다. 프로젝트를 위한 짧은 회의도 어려웠다. 그래서 우리는 주로 주말에 모여 활동을 시작했는데, 그러다 보니 많은 도움을 주지는 못했다. 지금까지 40여 곳의 프로젝트를 통해 재능을 기부했다.

　우리는 왜 이런 일을 하는 걸까? 공익을 브랜딩한다는 것은 공익적 가치를 보다 많은 이들에게 알릴 수 있도록 차별화하겠다는 것이다. 매아리는 공익적 가치의 확산을 통해 더불어 살 수 있는 공동체 형성에 기여하기 위한 단체다. 모든 활동은 자발적 재능 기부로 진행되며, 당연히 무료다. 프로보노를 자처하는 대학생과 각 영역의 전문가들에게는 일종의 보상이 필요하다. 그래서 만든 제도가 '매아리 퍼블릭 토크Public Talk'였다. 퍼블릭 토크는 격월 1회 홍대 카페에서 진행되는 무료 브랜드/마케팅/디자인 공개 강좌다. 강의는 무료이며, 장소 대여료 때문에 커피 두 잔 값을 받고 진행한다.

매아리라는 일개 단체의 움직임이 미미한 것으로 남지 않게 하기 위해 우리는 단체나 사회적 기업을 도울 때마다 은근슬쩍 부탁을 드린다.

"저희에게 재능기부를 받으셨으니, 다른 곳에 재능기부를 하셨으면 합니다."

특정 단체의 재능기부 행위가 단발성으로 그쳐버리면, 그 취지나 추구하는 철학적 가치는 일회성에 그치고 만다. 메아리처럼 퍼져가는 '울림'이 있어야 공익적 가치가 보다 많이 확산될 수 있다. 재능을 받은 자는 다른 곳에 자신의 재능을 나눌 수 있어야 한다. 단지 좋아하는 것만으로는 도움을 줄 수 없지만Liking isn't helping, 마음을 나누는 것으로는 충분히 도움을 줄 수 있다 Sharing is helping.

매아리의 철학은 '행복 울림'이다. 나눔의 본질은 '울림'에 있다. 선순환이다. 서로의 재능을 공유하고 나누는 '마음의 선순환'을 통해 우리는 '네가 있기에 내가 있다I am because you are'는 철학을 실천할 수 있다. 우분투Ubuntu가 필요한 시점이다.

BEAT.

매아리 브랜드 컨셉 도출

Business Definition 업의 본질 정의	*Who they are?* 고객은 누구인가?	공익 차원에서 브랜드가 필요한 영세한 단체, 사회적 기업
	Who we are? 우리는 누구인가?	공익 브랜딩 프로보노
Experiential Problem 고객 경험상 문제점	*How they feel?* 고객들은 무엇을 불편해 하는가?	대기업이 키워드를 독점하고 있다. 브랜딩 예산이 없다. 공공 가치 확산이 안 된다.
Actual Solution 실질적 해결 방안	*What to do?* 우리는 무엇을 해야 하는가?	최적의 키워드를 찾아준다.(브랜드 개발) 재능기부 받은 곳은 자기 재능을 다른 곳에 기부한다.
Thrilling Concept 전율을 일으킬 컨셉	*Why we are?* 업의 존재 이유	행복 울림

3. There is no spoon
: 다시 '매트릭스'

> 동자승은 염력 같은 것으로 숟가락을 자유자재로 휘게 하고 있다.
>
> 네오가 동자승에게 묻는다.
>
> "어떻게 하는 거야?"
>
> 동자승이 답한다.
>
> "힘으로 휘게 하려고 하면 안 돼요. 그저 숟가락이 없다고 생
>
> 각해야 해요."

철학적 맥락에 따라 해석이 여러 가지로 달라지지만, 동자승이 우리에게 알려주는 한 가지 인사이트는 '숟가락이 없다'는 것이다. 휘어질 수 있는 고정불변의 실체는 없는 법이란다.

제대로 된 컨셉에 이르는 법. 숟가락을 강제로 휘게 하려는 방법을 통해서는 절대 얻을 수 없다. 그러한 강박을 버리고 고정불변의 실체_{컨셉의 왕도}가 없음을 명확히 인식해야 한다. 그럴 때 자신만의 노하우가 생긴다고 믿는다. 이 책에 소개된 컨셉

션 방법론 BEAT를 맹신할 필요가 없다는 것이다. 이것은 단지 나의 노하우일 뿐이다. 본인과 잘 맞지 않으면 언제든 폐기해도 좋을 순가락에 지나지 않는다.

이 책은 컨셉에 대한 '짧은' 소고다. 컨셉션에 관한 나만의 노하우를 간편하게 요약하여 많은 분들께 제공해 드리고, 그분들이 BEAT 모델의 빈칸을 하나씩 채우다 보면, 어느새 컨셉을 쉽게 기획할 수 있는 눈이 생길 수 있지 않을까 희망해 본다. 거창한 모델이나 이론이 없이도, 순전히 자신의 경험과 대상에 대한 진득한 탐구를 통해 평범한 사람도 제대로 된 컨셉을 만들 수 있다는 것을 보여주고 싶었다.

컨셉션 모델 BEAT는 무조건적으로 시선을 사로잡는 차별화, 차별화만을 위한 차별화를 배격한다. BEAT는 업에 대한 본질적 탐구와 사람에 대한 깊은 인문학적 이해를 필요로 한다. 인문학은 인문 고전에 나오는 어려운 담론을 말하는 것이 아니다. 인문人文은 그저 '사람의 무늬人文'일 뿐이다. 나이테의 수와 간격, 결을 보고 나무가 살아온 환경과 역사를 짐작할 수 있듯 이 컨셉을 기획하는 사람은 소비 시장 내 위치하는 다양한 사람들의 무늬를 읽고 진짜 '문제'가 무엇이고, 최적의 '해법'이 무엇인지 연구해야 한다. 그럴 때 우리는 기회를 만드는 기획을 할 수 있다.

에
필
로
그

《본질의 발견》이 출간된 지 1년이 훌쩍 넘었다. 그 사이 많은 분들이 책을 읽어 주셨고, 스타트업 관계자, 창업자, 기업의 많은 분들께서 강연 요청과 상담, 프로젝트 등을 의뢰하셨다. 그리고 지금도 여전히 BEAT 모델로 강연해달라거나 워크숍을 하자고 요청하는 곳들이 늘고 있다. 감사한 관심이다. 그만큼 '업의 본질'이라는 기본에 충실한 태도와 이를 기반으로 한 컨셉 발견 공식 BEAT에 대한 관심이 많았다는 증거가 아니었을까. 하지만 내 관심사는 약간 다른 곳에 있다. 이번 추가 인쇄를 기념하는 에필로그에서는 근 1년 사이 독자들로부터 제기된 '본질'에 대한 오해와 컨셉 공식 BEAT에 대한 나의 생각을 짧게 토로하고자 한다.

먼저 나는 '본질'이라는 단어가 주는 다소 불편할지 모를 '근본주의적 태도'를 경계한다. 물론 업의 본질을 탐구하다 보면, 그 업의 기원이나 추가 기능이나 혜택이 가미되기 전의 원초적인 모습을 연구하게 된다. 하지만 우린 그 기원만을 '본질'이라고 생각하지 않는다. 언어를 연구하고 참모습과 원리를 파악하기 위해 '언어의 기원'을 알아야만 하는 건 아니다. 비즈니스는 언제나 진화한다. 그리고 각자의 역량과 관점에 따라서 그 비즈니스의 핵심을 다르게 정의할 때도 있다.

누군가는 호텔업의 본질을 '장치 산업'이라고 정의했다고 한다. 호텔방 안에는 1,300여개의 부품이 있고, 호텔은 결국 그 부품들로 구성된 장치 산업이라는 거다. 부품 하나하나의 품질을 향상시키면 호텔은 저절로 고급화가 된다는 관점이다. 이러한 관점은 호텔이라는 카테고리를 '숙박', '수면', '출장', '휴가' 등의 표면적 편익Benefit을 중심으로만 정의하는 것과는 또 다른 관점의 정의인 것이다. 그 회사는 부품 산업을 하고 있고, 그 계열과의 시너지를 창출하기 위해서라도 그 핵심 역량을 중심으로 한 업의 본질 발견이 필요했을지도 모를 일이다. 만일 '본질'

이라는 단어를 관념론에서 형이상학에서 이야기하는 '본원적 실재'나 불필요한 것들을 걷어내고 원초적인 것만 남겨둔 무엇으로 이해한다면 호텔을 장치 산업으로 해석하는 관점이 가능했을까. 비즈니스를 구성하고 있는 요소들을 해체하고 자기 강점과 역량을 중심으로 새롭게 재해석하지 않는다면, 아마도 업의 본질은 누가 정의해도 똑같아질 것이다.

　또한 주요 고객이 누구냐에 따라서 업의 본질을 달리 정의할 수도 있다. 오피스 창업족들을 주요 고객으로 하는 카페가 있다면, 노트북과 스마트폰을 상시로 사용하면서 테이블에 오래 머무르는 그들을 위해 카페에서는 콘센트와 충전기를 많이 마련할 것이다. 이 경우 카페의 본질은 '휴식'을 즐기는 곳이 아니라 '사무실'로 정의될 수도 있다. 반면 주요 고객을 피로에 지친 40~50대 주부들로 상정한다면, 카페에 콘센트를 많이 만들기보다는 편안하게 수다를 떨 수 있도록 음악 볼륨을 약간 더 높이거나, 편안하게 앉아서 대화하고 쉴 수 있도록 의자 쿠션을 보강해야 할지도 모를 일이다. 좀 더 경제적, 공간적 여유가 있는 카페라면 자주 오는 단골을 위해 차 마시면서 즐길 수 있도록 네일 아트 서비스 코너를 한쪽에 배치할 수도 있겠다는 상상을 해본다(단순 상상이니 ROI를 따져 보지 마시길).

내가 주장하는 업의 본질은 모든 현상이 가장 본질적인 관념으로 환원되는 형이상학 같은 게 아니다. BEAT 모델에서 이미 밝혔듯, 업의 본질은 1) 고객은 누구인가, 2) 우리는 누구인가=우리 역량은 무엇인가라는 질문에 의해 정의돼야 한다. 이 두 가지 질문에 따라서 다양한 관점의 선택과 의미의 생산이 가능하고, 업의 본질은 다양하게 정의될 수 있는 것이다.

마지막으로 한 가지만 더 첨언하고자 한다. 그것은 이 책을 쓴 이유이기도 하고, 나의 두 번째 책《기획자의 습관》을 쓰게 된 이유이기도 하다. 이 책의 서두에 나오는 '플라톤의 동굴'

은 사실 플라톤의《국가》에서 그리 의미를 많이 둘 만한 대목은 아닐지 모른다. 나 역시 플라톤 철학을 공부할 때 그리 집중해서 본 부분은 아니었다. 하지만 이 비유는 자본주의 소비 시장에 대한 중요한 통찰을 준다. 본문에서 이미 밝혔듯이 우리는 동굴 속에 갇힌 채 태어났다. 죽을 때까지 동굴을 떠나지 못한다. 깨달음을 통해 동굴 밖을 나섰다 해도 여전히 다른 종류의 동굴에 갇히고 만다. 하지만 그 동굴은 이전의 동굴보다 더 나은 무엇이 아닐까 하는 게 내 생각이다. 지금 대한민국 시민들의 지성은 100년 전 한반도를 살던 민중의 지성보다 훨씬 계몽되어 있다. 정치를 바라보는 태도, 윤리적 소비를 대하는 태도, 주인-노예의 관계를 보는 태도 등 지금 우리는 과거보다 훨씬 나아 보이는 동굴 속에 살고 있다. 더 나아지긴 했어도 여전히 동굴 안에 갇혀 있는 건 어쩔 수 없다. 이 상황에서 그저 동굴 안에 갇혀 있으므로 체념하고 주어진 대로 살아야 할 것인가, 아니면 좀 더 나은 세계를 찾아 동굴 밖으로 벗어나려 노력할 것인가?

줄탁동시啐啄同時다. 새가 알에서 깨어 나오려면, 어미도 밖에서 알을 쪼아주고, 새끼도 안에서 쪼아야 한다. 밖에서 알을 쪼는 역할기획자의 역할: 쇠사슬을 외부에서 풀어 주는 역할, 안에서 알을 쪼는 역할소비 시민의 역할: 쇠사슬을 벗어나고자 목에 힘을 주고 헐겁게 만드는 역할 둘 모두가 필요하다.《본질의 발견》은 기획을 업으로 삼는 나 같은 사람들이 어떻게 인식의 쇠사슬을 효율적으로 풀어 주도록 노력할 것인가 하는 관점에서 시작된 책이다. 나는 나름대로 그것을 BEAT라는 모델로 설명한 것일 뿐, 이 방법론은 달달 외워야 할 '근의 공식' 같은 게 아니다. 동굴 속에 묶인 채 태어난 소비 시민들은 밖에서 인식의 쇠사슬을 헐겁게 만들어 주는 기획자들의 도움을 통해, 그림자 벽과는 정반대, 즉 자기 뒤편에 놓인 진실의 세계를 바라보고자 목에 힘을 주고 고개를 돌리는 연습을 해야 한다. 그러한 꾸준한 연습을 통해 우리는 마침내 우리 뒤편에 존재하던 세계의 모습들을 하나 둘씩 바라볼 수 있게 된다. 그 연습은 어떠한 방법론으로 묶어 낼 수 없었다. 연역적으로 정의되지 않기 때문이다. 그래서 내가 평소에 하던 습관 여러 가지를 묶어 에세이처럼 서술해 놓은 책이《기획자의 습관》이다. 별것 아닌 습관들이 모여 어떻게 인식의 근육을 강화시켜주는지 보여주고자 했다. 이러한 맥락 없이 두 책을 읽으면, 그저 '컨셉의 공식'과 정말 별 거 아닌 '기획 습관'만이 남게 될 것이다. 원래 그렇게 기획했던 책은 아닌데,《기획자의 습관》은《본질의 발견》의 필연적 결과가 되었다.

베스트셀러의 제목을 보면, 그 시대가 놓치고 있는 가치와 정신이 보인다.《생각의 탄생》이 많이 팔릴 때, 우리는 크리에이티브와 번뜩이는 혁신 아이디어에 목말라 했었고,《정의란 무엇인가》라는 책이 많이 팔릴 때 우리 정부와 우리 사회는 정의롭지 못했다. 마찬가지로 '본질'이라는 단어가 있는 제목의 책이 많은 관심을 받는다면, 그건 아마도 인류의 '본질적 가치'보다 '표면적'이고 '포장된' 가치를 숭상하는 시대에 대한 사람들의 불편한 인식 때문은 아닐까.《본질의 발견》은 경영, 브랜드에 관한 소재를 다루고 있으나, BEAT라는 모델로 그 소재들을 풀어내는 방식은 우리의 일상과 가치관 정립에도 적용해 볼 만하다고 생각한다. 나 자신과 내가 몸담고 있는 조직, 집단, 사회를 대할 때, 지나친 포장주의에 조금이라도 불편한 인식이 생겼다면, '본질'을 함께 고민해 보자. 나에 대한, 내 조직에 대한, 우리 사회에 대한 '본질'을 새롭게 발견하고자 하는 노력과 태도는 분명 우리 공동체를 보다 풍성한 의미로 채울 것이다. 풍성한 의미는 다채로운 사유와 관점을 가능케 하고, 이는 상상할 수 있는 모든 새로운 삶에 대한 가능성을 열어 줄 것이라 믿는다.